청어산문선 009

내 가슴에
남은 별자리

양해기 산문집

밤하늘을 다 담은 그녀의 검은 눈과 빛나는 샛별이
내 얼굴 가까이 점점 더 다가오자
나는 나도 모르게 스르르 눈을 감고 말았다

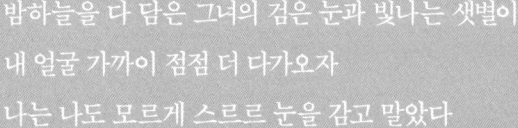

내 가슴에 남은 별자리

양해기 산문집

발행처	도서출판 **청어**
발행인	이영철
영업	이동호
홍보	천성래
기획	육재섭
편집	이설빈
디자인	이수빈 | 구유림
인쇄	정우인쇄
등록	1999년 5월 3일
	(제321-3210000251001999000063호)

1판 1쇄 발행 2025년 12월 10일

주소 서울특별시 서초구 남부순환로 364길 8-15 동일빌딩 2층
대표전화 02-586-0477
팩시밀리 0303-0942-0478
홈페이지 www.chungeobook.com
E-mail ppi20@hanmail.net

ISBN 979-11-6855-406-1(03810)

이 책의 저작권은 저자와 도서출판 청어에 있습니다.
무단 전재 및 복제를 금합니다.

내 가슴에 남은 별자리

양해기 산문집

自序

버팀목으로 쓰일 나무들이 버려져 있다

기차가 지나면서
미끄러져 내려오는 나무들

버팀목들도 이젠
제자리를 찾아 몸을 눕히고 싶은 것이다

기차의 땅울림을 온몸으로 받으며
살아온 생애까지
떨리며 가고 싶은 것이다

차례

自序　5

I 삼양동

할아버지의 펴지지 않던 손　12

낯선 행성　18

여름 돗자리　21

약장수　25

아버지의 철길　30

연극이 끝나면　34

삼양동　39

찹쌀떡　41

엿장수　46

호떡 천국　49

칼갈이 장수　52

Ⅱ 흙에 그려진 그림

*

속독　56

흙바닥에 그려진 세상　62

마지막 맞선　66

반공일　76

여동생 친구 경애 1　80

여동생 친구 경애 2　87

여동생 친구 경애 3　92

내 친구 철렁이　103

할아버지와 주전자　108

창성이네 국수 공장　111

골목 끝 종합병원　115

Ⅲ 넝마주이

친구의 결혼식 그리고 수진이 1   122

친구의 결혼식 그리고 수진이 2   131

넝마주이   139

철학과 그 사람   142

일기   146

옛날 다방   150

옥진이의 새엄마   153

은하수의 꿈   156

혼분식 장려운동   163

삼양라면   166

백록담에 사는 물고기   169

Ⅵ 숭인시장

내 가슴에 남은 별자리 1　176
내 가슴에 남은 별자리 2　182
내 가슴에 남은 별자리 3　194
출입구가 대단히 비좁은 집　205
4학년 때 전학 온 아이 경수　207
아폴로 극장　211
해안 경비병　216
라면 국물 냄새　220
월부장수　223
국민학교 친구 용준이　225
깊고 푸른 멍 자국　227
어느 추석의 명품 선물　234

I

삼양동

할아버지의 펴지지 않던 손

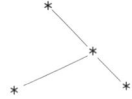

내가 세 살 때였다.

우리 일가는 할아버지를 중심으로 대가족이 되어 경북 달성에 모여 살고 있었다.

어느 날 일찍 일어나신 할아버지가 목이 컬컬하다고 했다. 할아버지의 그 말은 식전 댓바람부터 술 한 잔이 마시고 싶다는 뜻이었다. 집에 있는 술이 다 떨어졌으니 누구라도 좋으니 동구 밖에 있는 점빵에 가서 술을 한 병 사 오라는 뜻이었다.

그 말을 들었지만 새벽부터 부엌에서 불 때서 밥 차리기 바쁜 며느리들은 시아버지의 말을 들어도 못 들은 척했다.

할아버지가 누군가를 콕 찍어서 술을 사 오라고 하면 되긴 하지만, 아무리 목이 컬컬해도 꼭두새벽부터 일어나 아침과 점심 그리고 농사 새참까지 준비하고 있는 며느리들에게 술 심부름을 시킬 수는 없고, 자고 있는 손자들을 깨워 술 심부름을 시키기엔 다들 또 너무 어렸다.

이때 아침을 먹어야 하는데 내가 갑자기 없어졌다. 집에서는 곧 난리가 났다. 세 살짜리 어린 아기가 갑자기 사라졌으니 문밖에도 나가보고 뒷간 변소도 뒤져보고, 혹시나 하는 마음에 마당 안 우물 속도 들여다보고, 온 집안 식구들이 하던 일을 멈추고 분주히 애타게 찾아다녔다. 참으로 귀신이 곡할 노릇이었다. 땅으로 꺼졌는지 하늘로 솟았는지 도통 보이지 않았기 때문이었다. 집안은 온통 울음바다가 되어 가고 있었다.

그때였다.

뜻밖에도 내가 나타난 것이다. 세 살 꼬맹이가 자기 키만 한 소주 됫병을 양손으로 보듬어 안고는 땀을 뻘뻘 흘리며, 낑낑거리며 나타난 것이다. 집안 식구 모두는 이게 무슨 일인가 싶어, 어안이 벙벙해서 놀란 눈으로 볼 수밖에.

사연인즉, 양씨 집안 셋째 아들의 맏손자가 새벽부터 바짓가랑이가 터진 옷을 입고 아장아장 걸어와서는 계속 소주 됫병을 조막손으로 가리키며 '툴(술) 툴(술)' 하더라는 것이다. 점방 주인은 고개가 갸웃해졌지만 어쩌나 보자는 심정으로 술을 줬다는 것이다. 그리고 뒤따라가 보니 집으로 들어가더라는 것이다.

점빵 주인의 말을 들은 할아버지는 내 효심에 크게 감동했다.

장원급제라도 한 듯이 양씨 집안에 큰 효자가 났다고, 양씨 집성촌인 동네에 금세 소문이 퍼졌다.

그날로 내 거처는 남루한 부모님 방에서 금실로 수놓아진 이불이 깔린 할아버지 할머니의 방으로 옮겨졌다. 자다가 이불에 오줌을 싸도 혼나지 않았다. 혼나기는커녕 할아버지는 자는 엄마를 불러 당장 이불을 갈게 하고는 졸린 눈을 비비는 내게 깬 김에 이거나 먹고 자라며 홍시나 찐 고구마를 시렁에서 꺼내주었다.

대가족이 서울로 올라와 미아리 길음시장 부근에 자리를 잡았다. 그때도 할아버지는 나를 동자승처럼 앞세우고 다니며 시장에서 팥죽과 간식거리를 사주었다. 나도 돈이 생기면 모았다가 할아버지의 담배인 '환희'와 막걸리를 받아다 드렸다.

우리 집이 삼양동으로 분가해 가서도 할아버지는 나를 보러 자주 오셨다.

엄마는 이런 할아버지를 싫어했다. 시아버지가 너무 자주 오시니 표시는 못 내도 귀찮은 것이다. 어디 가지도 못하고 시아버지 점심도 준비해야 하고, 술도 받아다 드려야 했으니… 하지만 나는 할아버지가 오는 것이 마냥 좋기만 했다.

　내가 중학교에 입학할 때쯤이 되었다.
　할아버지는 혹시 내가 돈이 없어 중학교에 가지 못할까 싶었던지 남들 눈을 피해 돈을 주셨다. 아무한테도 말하지 말고 꼭 은행에 저금하고 있다가 중학교 갈 때 쓰라고 했다. 만 원이나 이만 원을 손에 쥐여주었는데 당시 만 원이나 이만 원은 큰돈이었다.
　잘 사는 큰아들, 큰딸한테 용돈을 받으면 그 좋아하는 술도 절제하시고 그걸 모았다가 나를 만나면 주었던 것이다.
　나는 할아버지가 주신 돈을 꼬박꼬박 새마을금고와 길음역 부근의 신탁은행에 저금을 해두었다.

　할아버지 덕에 모아두었던 돈으로 중학교에 입학해 다니고 있었는데, 할아버지는 이번엔 고등학교 대학교에도 가야 한다며 계속해서 당신의 용돈을 모으고 아꼈다가 주셨다. 이십여 명의 손자들이 있었지만, 할아버지는 내게만 특별히 돈을 주셨다.

　내가 고등학교 1학년 때 할아버지가 돌아가셨다.
　그날도 나를 만나면 주려고 이만 원을 가지고 있었는지 친척들 말에 의하면 돌아가시기 전에 얼른 해기를 부르라고 했다고 한다. 학교 수업 중에 연락받은 내가 큰집으로 가는 도중에 할아버지는 돌아가셨다.

할아버지의 시신이 굳기 전에 장의사가 와서 팔다리와 몸을 펴는데 꽉 움켜쥔 오른손만이 펴지지 않아서 무지 애를 먹고 있는데, 내가 할아버지 방에 들어서자마자 신기하게도 오른손이 스르륵 펴졌다고 했다.

할아버지의 펴지지 않던 오른손에는 여러 번 접힌 이만 원이 있었다.

할아버지가 아무도 몰래 내게 돈을 주고 있던 걸 모르던 친척들은

"이게 웬 돈이야?"

"장례비용에 보태면 되겠네."

"노인네가 늙어서도 돈이 그렇게 좋은지 돌아가실 때까지도 돈을 손에 꼭 쥐고 돌아가셨네."

저마다 천수를 누리고 돌아가신 할아버지인지라 일가친척들은 놀라면서도 뭔 일인가 싶어 농담을 주고받았다. 그러나 그 순간 나는 멍하니 서서 저 가슴 밑바닥으로부터 차오르는 먹먹함

을 느꼈다. 할아버지는 돌아가시는 그 순간까지도 내 대학 등록금을 걱정한 것이다. 나는 가슴이 미어졌다.

그 돈은 나를 주려던 돈이니 내가 가져가겠다고 말을 할 수도 없으니, 할아버지의 안타까운 마음을 받을 수도 없었다.

저승사자가 재촉하고 늦게 가면 염라대왕 앞에서 불이익을 당할지도 모르는데, 분명 할아버지는 저승사자에게 사정해서 우리 해기가 올 때까지 조금만 아주 조금만 기다려 달라고 했을 것이다.

할아버지가 돌아가신 지 벌써 사십여 년이 지났다.
요즘도 중요한 일이 있을 땐 할아버지가 꿈에 나타나 암시를 해준다. 그래서 천만다행으로 큰 사고를 피한 일도 있다.

내가 죽어서 할아버지를 다시 만나러 갈 땐, 할아버지가 즐겨 피우시던 당시 백 원짜리 '환희' 담배와 막걸리 주전자를 들고 갈 수 있어야 할 텐데… 저승사자와 염라대왕이 술과 담배 반입을 허락할지는 모르겠다.

혹시 백 원짜리 환희 담배를 지금 화폐로는 살 수 없을지 몰라 나는 머리맡에 옛날 지폐들을 모아두고 있다.

낯선 행성

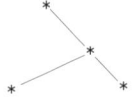

나는 다섯 살 때 기차를 타고 서울로 올라왔다.

시골 논밭을 팔아 사업을 하겠다며 큰아버지가 먼저 서울 길음동에 자리를 잡았고, 우리 양씨 대가족이 따라 올라오게 된 것이다.

태어나 처음으로 기차를 탔다.

기찻길 바로 옆 논에선 농부들이 기차가 지나가면 허리를 펴고 손을 흔들어 주었다. 엄마와 누나는 창문을 열고 농부들에게 사탕을 던져주었다. 나도 따라서 사탕을 던져주었다. 그때는 그런 정감 어린 추억들이 있었다.

서울에 가는 젊은 엄마의 얼굴엔 어떤 희망과 기대가 환한 목련꽃으로 피어있었다.

늦은 밤에 서울역에 내려보니 불빛들이 휘황찬란했다.

시골에선 보지 못한, 상상도 못 한 불빛들이었다.

우리 해기가 벌써 이렇게 많이 컸냐며 서울역에 마중 나와 있던 큰아버지는 나를 번쩍 안아 올렸다. 어머니와 아버지는 짐을 이고 지고 메고 있었다. 그때 나는 촌놈이라 서울의 모든 것이 신기하고 어리둥절할 뿐이었다.

그때 우리는 택시를 탔는데 나는 본능적으로 신발을 벗었다.

서울 간다고 새로 사준 운동화였다. 택시는 출발하고… 내릴 때 운동화를 서울역 앞에 벗어 놓은 것을 알았다.

모든 게 난생처음이었다.

그렇게 많은 차와 불빛은 처음 보았다. 시골에서는 흐릿한 호롱불 아래 있다가 날이 어두워지면 그대로 잠을 자기 일쑤였다. 그러나 서울은 마치 내가 다른 행성에 온 듯 밤에도 휘황찬란했다.

택시는 동굴 안으로 들어갔다.

지금 생각해 보니 북악터널이었던 것 같다. 동굴 안을 택시가 빠르게 지나니 수백 갈래의 불빛들이 실처럼 늘어졌다. 끝없는 우주를 광속으로 지나다 보면 마주치는 그런 불빛이 이와 같지 않을까.

동굴 안에서 마주 오는 차들을 보면 저마다 불을 켜고 있었다. 동굴 안은 비포장도로였다. 차는 계속해서 달리고… 나는 잠이 들었다.

아침에 깨어나니 우리가 도착한 곳은 마당에 펌프가 있는 집이었다.

물가에 앉아 엄마가 배추를 다듬고 씻고 있었다. 시골에서의 삶을 정리하고 서울 변두리에서 새로운 출발을 하는 날이었다.

며칠 뒤, 대문을 열고 동네에 나가봤더니 내 또래 여자아이가 김칫국물에 보리밥을 말아 밥그릇을 들고 다니며 퍼먹으며 놀고 있었다.

훗날에 알게 됐지만, 우리 일가는 몹시 가난한 곳 또 다른 행성인 서울 변두리에 불시착해 있었다.

여름 돗자리

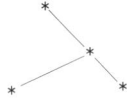

어릴 적 나는
여름이면 방보다는
밖에서 자는 날이 더 많았다

선풍기도 없이 좁고 답답한 방보다
마당이나 한쪽 길가에
평상과 돗자리를 펴 놓고
하늘을 이불 삼아 잠이 들었다

한번 밖에서 자는 습관이 들자
방에서는 답답해서
도저히 잠을 잘 수가 없게 되었다

혹시 새벽에는 추울 수도 있으니
얇은 이불을 가지고 나오기도 했다

엄마는 땀나는 내 런닝과 얼굴에
부채를 부쳐가며
모기를 쫓아주기도 했고
옆에서 라디오를 듣기도 하다가
삶은 고구마나 옥수수를 쪄오기도 했다

밤이 깊어 별이 밝아지면
나는 매일 밤
우주가 상영하는 영화를 감상했다

밤하늘을 보다 보니
학교에서 가르쳐 주지 않는 것들에 대해
자연스런 질문이 생겨났다

저 별들에는 누가 살고 있을까?

저 우주의 끝에는 무엇이 있을까? 부터
나는 무엇인가?
나는 왜 태어났나?
어차피 죽을 거라면
"엄마~ 사람들은 왜 자꾸 태어나는 걸까?" 했더니

엄마는 주위를 둘러보며
요새 얘가 자꾸 이상한 소리를 한다며 혼을 냈다
"너 자꾸 그러면 병원에 가야 한다"며

나는 궁금한 것들이 너무나 많았지만
사람들은 내가 궁금해하는 것들에 대해
그다지 관심이 없어 보였다

누구한테 물어봐도 말해주지 않으니
나 혼자
별 사이 사이를 지나
우주 끝까지 상상으로 가보다가
나도 모르게 잠이 들었다

새벽에 깨보면
다른 식구들은 모두
방에 들어가고 나만 혼자 자고 있었다

새벽이슬에
홑이불은 젖고
별들도 다 사라지고 난 후였다

약장수

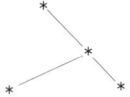

열두 살 때 토요일 어느 날이었다.

삼양동 온 동네가 시끌시끌해졌다. 사람들이 웅성거리며 모여 있었다. 선희네 엄마도 정웅이 아버지도 진석이 할아버지도 맨 앞줄에 앉아 있었다.

호기심에 아이들과 달려가 보니

"애덜은 가라~ 애덜은 가~"

약장수가 아이들을 쫓아내고 있었다.

그렇다고 호기심 많은 아이들이 순순히 돌아갈 리가 없었다.

약장수는 옆에 큰 양철통을 두고 있었다.

약장수는 작대기로 양철통을 툭툭 치면서 여기에는 곧 용이 될 이무기가 들어있다고 했다. 조금 있다가 이 이무기에게 생닭 다섯 마리를 넣어줄 거라고 했다.

"근데 닭을 사러 간 이 시키는 왜 이리 안 오나?"

약장수는 닭을 사러 간 사람이 올 때가 되었는데 안 온다면서 두리번거렸다. 닭을 넣으면 이무기가 생닭 다섯 마리를 한꺼번에 산 채로 삼킨다고 했다.

그때 절대 놀라지 말라며 겁을 주자 앞에 앉아 있던 사람들이 움찔 뒤로 물러났다. 호기심 많은 창식이가 약장수 몰래 뒤로 돌아가 이무기가 들어있는 양철 뚜껑을 만지다가 약장수한테 걸려 혼쭐이 났다.

그들에게 아이들은 영업을 방해하는 가장 큰 적이었다.

돈도 한 푼 없고, 아픈 데도 없고, 단지 호기심만 많은 아이들은 그들이 판매하는 만병통치약을 살 리가 없는 요즘 말로 관심 종자들일 뿐이었다.

약장수는 양철통 안에서 간혹 머리를 쿵쿵 들이박고 있는 이무기에 대한 설명을 장황하게 늘어놓았다. 뱀과인 이무기에는 뱀과 달리 배에 발가락이 있고, 사람 백 명을 잡아먹으면 용이 되는데, 이 양철통 안에 있는 이무기는 지금까지 아흔아홉 명을 잡아먹고 딱 한 사람만 더 잡아먹으면 용이 되어 승천한다고 했다. 그래서 사람만 보면 이무기가 눈이 뒤집히고 환장을 한다는 것이다.

이 양철통 안에 있는 이무기는 삼백 년 묵은 이무기인데, 사람 맛을 아는 이무기인지라 뚜껑이 열려 자칫 이무기가 뛰쳐나오기라도 하는 날에는 큰일이 난다고 했다. 양철 뚜껑이 혹시나 잘못해서 열리기라도 하면 어쩌나 싶어 사람들은 약장수 말을 들으면서도 양철 뚜껑을 자주 의식하며 쳐다보았다.

자고 나면 이유 없이 온몸이 쑤시고, 허리가 아프고, 발을 디딜 때마다 무릎이 시큰거리고, 자다가 왼쪽 가슴이 답답하거나 명치끝이 아파서 진땀을 흘리시는 분. 소변이 자주 마렵고 소변 색깔이 탁하고 소변에 거품이 나시는 분, 소화가 안 되고 속이 더부룩해 입맛도 없고 앉았다가 일어서면 어지럽고 기운이 없으신 분…

"야, 이누무 시키들! 너희들 정말 저리 안 갈래?"
"애덜은 가라~ 애덜은 가!"

아랫배가 아프고, 월경이 불규칙하고, 하혈을 자주 하시는 분.

애 낳고 산후조리를 잘못해 팔다리에 바람이 든 새댁들…

"이 약을 일단 한번 잡숴봐."

"저기 저 할머니, 머리가 다시 검어져."

"에~ 이 약으로 말씀드릴 것 같으면~"

(이무기가 있는 양철통 뚜껑을 작대기로 탁탁 치면서, 그러면 사람들은 이무기가 뚜껑을 열고 나올까 놀라서 한걸음 뒤로 물러섰다)

"이 이무기들이 승천할라치면 사람과 산삼, 불로초만 골라 먹는데, 이 이무기를 한 달 보름 동안 장작불로 달이고, 그 남은 뼈를 갈아서 만든 신비의 만병통치약이다, 이 말씀이야~"

"에~ 이 약을 일단 한번 잡숴봐~ 일단 한 번만 잡숴봐."

"여기 오기 전에 저쪽 송천동에서 이 약 먹고, 거짓말 안 하고 장님이 눈을 떴고, 중풍으로 삼 년 누워있던 할아버지가 벌떡 일어났어."

"아, 글씨 남세스러워서 원… 그 할아버지하고 잠을 잔 일흔 살 할머니가 글씨 임신을 했대."

"자 자, 애덜은 가라~ 애덜은 가~"

약장수의 선전이 다 끝나기도 전에 손을 들어 약값이 얼마냐고 물어보는 사람이 생겼다. 그러자 서로 약을 사겠다고 난리가 났고, 바쁘니까 나부터 빨리 약을 달라며 앞으로 뛰쳐나가고 뒤에서는 줄을 서라는 고함소리가 났다. 남은 약이 별로 없어 선착순으로 판다는 말에 사람들이 흥분한 것이다.

그렇게 약을 산 사람들은 약을 가슴에 꼭 품고 집으로 달려갔다.
마치 집에 아픈 사람이 있기라도 하듯
마치 이 세상에 안 아픈 사람은 없기라도 하듯…

양철통 안에 정말 이무기가 있는지, 산만한 새끼 돼지가 들어있었는지는, 약장수가 약을 다 팔도록 생닭 다섯 마리를 사러 갔다는 '그 시키'가 끝내 돌아오지 않아 확인할 수가 없었다.

아버지의 철길

아버지가 춘천에서 사업을 하셨다.

말이 좋아 사업이지 처음에는 기찻길에 버팀목을 놓는 일을 하셨다고 했다. 팔월 땡볕에 새카맣게 타고 비쩍 마른 몸으로 어깨에 나무 지게를 졌다고 했다. 그렇게 넷이서 지게를 당겨 메고 횡으로 놓일 시키면 버팀목을 날랐다고 했다. 기찻길 바닥에 놓을 버팀목을 메고 비틀거리던 모습이 엄마가 춘천에 가서 본 아버지의 모습이었다.

고된 육체노동의 끝은 늘 술을 불렀다.

저녁엔 노동으로 받은 하루 일당을 들고 술집에 가서 그 고통을 씻어 내렸다. 이런 상황이다 보니 서울로 생활비가 오지 않았고, 남겨진 우리의 생활은 비참하게 내몰리고 있었다.

엄마는 각오를 하고 아버지를 찾아 나섰다.

그리고 마침내 술과 노동, 노동과 술로 이어지는 고리를 끊어냈다. 그래서 나는 방학 때마다 엄마 아버지가 있는 춘천에 갔다. 우리 가족은 방학 때만 한 집에 모여 살았다.

서울이건 춘천이건 하루 종일 쏘다니고 노는 게 전부였던 나는 엄마 손에 이끌려 과외를 받으러 갔다. 국민학교 육학년 여름방학 때 나는 처음이자 마지막으로 과외를 받아보았다. 국민학생이라 영어는 없고 다른 과목은 암기과목이라 겉으로 표시가 나지 않으니 내가 한 달간 받은 과외는 산수였다.

춘천의 한 아파트에서 까칠한 노처녀에게 과외를 받았다.

얼굴이 까만 춘천 여자애들 셋과 처음엔 같이 과외를 받았는데, 걔네들은 한 달에 삼천 원, 난 오천 원이었다. 나는 산수의 기초가 너무 없기 때문에 비싸다고 노처녀가 말했고, 엄마가 이에 동의했다. 나의 산수 실력은 그 시골 여자애들과도 같이 수업 받을 수 없는 정도라서 별도로 특별 수업을 들어야 한다는 것이었다.

그때만 해도 서울이란 곳은 시골에서 보면 동경의 대상이었다.

서울 사람들은 다들 얼굴도 희고 잘생기고 돈도 많고 옷도 잘 입고… 그런데 서울에서 내려온 아이가 춘천에 있는 여자애들보다도 산수를 더 못해서 별도로 특별 수업을 받아야 하다니… 그런 현실에 나에게는 수치심이, 그들에게는 비웃음이, 엄마에게는 부모로서의 절망감이 있었을 것이다.

매년 여름 동해안으로 피서가기 위해 춘천 쪽을 둘러 가다 보면 기찻길이 보인다. 저 기찻길을 돌아가신 내 아버지가 놓았다는 생각을 하면 가슴이 저려온다.

특히나 이 살인적인 무더위 여름에 막걸리 힘을 빌려 콜타르 덕지덕지 발린 나무 버팀목을 메고 비틀거렸을 내 아버지를 생각하면, 또 아버지의 목숨을 건 무시무시한 노동의 대가 중 일부가 내 비싼 특별 과외비로 쓰였다는 생각을 하면, 나는 왜 그렇게 철이 없어야 했나 하는 뒤늦은 반성을 하게 된다.

지금껏 살아온 방향과는 다른 것이다

비탈진 경사로에
버팀목으로 쓰일 나무들이 버려져 있다
기차가 지나면서
미끄러져 내려오는 나무들

버팀목들도 이젠
제자리를 찾아 몸을 눕히고 싶은 것이다

기차의 땅울림을 온몸으로 받으며
살아온 생애까지
떨리며 가고 싶은 것이다

―저자의 시 「고아떤 뺑덕어멈이 앉아 놀던 철길」 전문

연극이 끝나면

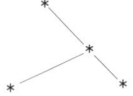

혜화동을 지나다가 막걸리 한 잔이 생각날 때면 친해진 연극영화 감독에게 전화를 건다.

"손 감독 지금 어디서 뭐하냐?"고 물으면,

조금 전에 아는 동생이 찾아와서 극장 바닥에 앉아 막걸리를 마시고 있다고 한다.

"해기 형, 우리 사무실로 오셔서 같이 막걸리 한잔하실래요?"

처음엔 의아했다.

저놈은 전화할 때마다 매번 지방에서 동생이 올라왔다. 배우들과 같이 있다. 회의 중이다. 등등 왜 한 번도 조용한 날이 없는지…

그와 가끔 만나 혜화동에서 술을 마실 때도 그의 전화는 쉬지 않고 불이 난다. 입 가리고 전화를 받으며 내 눈치를 본다. 그리곤 곧

"해기 형. 아는 동생이 혜화동으로 찾아왔는데 지방에서 올라와서 그냥 가라고 할 수 없으니 이리로 오라고 해도 될까요?" 하는 것이다.

"또 누군데? 넌 아는 동생이 뭐가 그리 많냐?"

"그래 알았어~ 이리 오라고 해."

이렇게 한 명이 합석하고, 두 명이 합석하다 보면 대여섯 명이 훌쩍 넘어간다.

그는 감독이니까 그가 말하는 동생들은 그의 영화와 연극에 출연했던 무명 배우들이다.

대학로에 연극이 걸리는 날은 일 년 중 두세 달뿐이니, 생계가 막막한 그들이 찾아와 다음 연극은 언제 시작되는지, 그 연극에 자기가 역할을 맡을 수 있도록 감독에게 자기를 잊지 말아 달라며 찾아오는 것이다.

연극이 걸리고 일을 해봐야 그들이 가져가는 돈은 얼마 되지도 않는다. 한 달에 팔십만 원 남짓.

감독은 극장의 밀린 월세와 무대장치비, 배우들의 출연료 등등을 관람 수입에서 빼고 나면 자기 월급도 가져갈지 말지 하다.

관객이 많이 들고, 호응이 좋으면 자기 월급을 가져갈 수 있겠지만 그런 기회는 손가락에 꼽는다. 그것도 국가 지원금 신청이 통과되어야만 연극을 무대에 올릴 수 있다.

사정이 이러니 육 개월째 일이 없어 집에만 있는 배우들도 감독이 쓴 시나리오가 국가 지원금을 받았는지 못 받았는지에 대해 관심을 가질 수밖에 없다.

막이 언제 오를지 마냥 집에서 기다릴 수만도 없고 그렇다고 감독님께 전화로 계속 물어보기도 그렇고, 그러다가 연극이 시작돼도 자기 배역이 없으면 큰일이니 이렇게 지나가는 길에 들렸다는 식으로 찾아와 눈도장이라도 찍고 가려는 것이다.

현실이 이렇게 힘들고 어려워도 배우들은 무대에 서는 행복감과 기대감으로 견뎌 나가고, 감독은 자신의 식솔들과 다름없는 배우들을 아끼며 그들의 어려움을 귀담아들어 주며 함께 고민도 해주고 있었던 것이다.

그런 사정을 몰랐던 나는 우리 둘이 얘기하는 데 이놈은 걸려오는 전화 다 받고 있고 왜 자꾸 아는 동생들을 합석시키려 하는

지 이해도 안 되고 약간 괘씸하기도 했었는데, 요즘은 아는 동생한테 전화 왔다고 하면 내가 먼저
"이리로 오라고 해."
"너 만나러 일부러 멀리 지방에서 왔을 텐데…"
"언제까지 사무실에서 기다리게 하지 말고 이리로 오라고 해."
라고 한다.

배우들과 함께 술을 마시면 우리 자리는 알게 모르게 남들의 주목을 받게 된다.
눈부시게 잘생긴 남자와 여자던지
엄청 험상궂게 생긴 사람이던지
뭔가 교활해 보이는 사람이던지
진짜 소매치기처럼 보이던지
그들은 각자의 생김새로 뚜렷한 개성을 가졌고
처음 볼 때는 외모상으로 선입견이 들만도 하지만 마음은 한없이 순박하고 가슴 속 꿈을 좇는 그들이다.

그들과 합석하게 되면서 그간 내가 몰랐던 어둡고 캄캄한 지하 무대 그 세상에도 또 다른 내가 여러 다른 페르소나로 살아가

고 있었던 건 아니었을까? 하는 생각도 해보게 된다.

감독도 배우도 연극 무대 안으로만 안으로만 두부 속을 파고드는 미꾸라지처럼 들어가려는 걸 보니, 이 현실 세상이 얼마나 뜨거운 물이었는지도 새삼 알게 된다.

삼양동

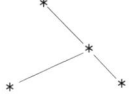

나는 어릴 때부터 지금까지 미아리와 삼양동에서 살았다.

아폴로극장 뒤 우이동으로 막 새 길을 뚫어내던 시기에 우리는 가난한 이사를 왔다.

25번(상원여객) 버스의 삼양동 차고지에서는 수시로 구렁이가 출몰했다.

기름 냄새 찌든 버스 차고지에서 피부가 예민한 뱀이 나온다는 건 그곳에 개구리가 많았다는 거고, 개구리가 많다는 건 젖은 풀숲이 많다는 거고, 젖은 풀이 많다는 건 주변이 산이라는 거고 물길이 내려온다는 것이었다.

미아리고개와 비포장 돌길을 굴러다니던 낡은 버스는 기름 냄새가 아주 심했고, 시동을 걸면 낡은 버스 유리창이 깨질 듯이 떨렸다.

25번 버스들은 곧 숨이 넘어갈 듯 시동이 자주 꺼지고 다시 시동을 걸 때 부르르 떨리는 진동으로 와이퍼가 종종 떨어져 나갔다. 그래서 운전기사들은 운행을 멈추고 운전석 밖으로 나가 빠진 와이퍼를 고쳐 끼우기 일쑤였다.

  삼양동 산동네엔 채석장이 있어 하루 종일 돌을 깨는 다이너마이트 터지는 소리와 바위가 굴러떨어지는 소리로 시끄러웠다. 담배를 피우거나 안 피우거나 이곳 사람들이 일 년 내내 기침을 하고 다녔다.
  내 검은 상고머리에도 뽀얀 돌가루가 내려앉았고, 씻어도 씻어도 지저분하다는 소리를 들으며 자랐다.

  어제도 사우나에서 몸을 씻는데 아직도 몸 구석구석에서 숨어 있던 뱀처럼 기어 나오는 회색 현무암 돌가루들.
  어서 이곳을 떠나고 싶다는 생각을 하다가도 국민학교 때 짝사랑이 살았던 집을 보다 보면 다시 마음이 주저앉았다. 그런데 그녀가 내가 사는 아파트로 이사를 왔다고 하니 세상에 이런 일도 있구나 싶다.
  나는 내가 만든 가상세계의 주인공인가?

찹쌀떡

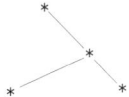

고등학교 겨울방학 내내 찹쌀떡을 팔러 다녔다.

작은 찹쌀떡 열 개들이 한 팩 천오백 원짜리를 받아다가 밖에 나가 팔 때는 삼천 원을 받았다.

찹쌀떡 도매상 가게에다 남은 찹쌀떡과 번 돈을 돌려주면 수량과 돈을 맞춰보고 한 팩당 천오백 원을 내게 수당으로 줬다. 많이 팔아 보겠다고 찹쌀떡을 많이 들고 나가봐야 무겁기만 무겁지, 저녁 열 시부터 새벽 네 시까지 돌아다녀 봐야 열 팩 이상 팔기가 쉽지 않았다.

남녀공학을 다녔으니 집 근처에서 팔다간 여자 동창을 만날 수도 있으니, 버스를 타고 십오 분쯤 멀리 나갔다. 올 때는 버스가 끊겨 걸어와야 하니 너무 멀리 가서도 안 되었다.

찬 바람이 쌩쌩 부는 겨울 골목에서 '차~압~쌀~ 떠~억' 하는 소리가 자연스럽게 나오지 않아서 이불 속에서 연습을 숱하게 했지만 부자연스러웠다. 저녁 열 시부터 장사를 시작하는 건 겨울 밤이 길기 때문에 저녁을 먹고 한창 출출할 때를 겨냥한 나름대로의 마케팅 전략이었다.

외진 골목길을 돌아 창문에 대고 "찹~쌀~ 떠억~" 하고 찰진 소리를 내면 갑자기 창문에 불이 켜지면서 집 안에서 아줌마가 소리를 지른다. 간신이 우는 애를 재웠는데 '찹쌀떡 놈'이 깨웠다며 창문을 드르륵 열고 욕을 해댄다. 그럼 그 옆에 있던 남편이 저놈을 잡아야 한다며 옷을 꿰어 입는 소리가 났다. 이럴 땐 얼른 도망치는 게 상책이다.

또 어떤 때는 내 또래의 예쁜 여자애가 잠옷 차림으로 찹쌀떡을 사러 나오기도 했다. 그때는 쥐구멍에라도 들어가고 싶어 눌러썼던 모자를 더욱 푹 눌러쓴다. 너무 당황해서 오천 원을 받았는데, 만 원짜린 줄 알고 찹쌀떡도 주고 칠천 원을 거슬러 줄 때도 있었다.

사람들은 나이가 많든 적든 여자건 남자건 밤에는 나를 "야, 찹쌀떡!"이라고 불렀다.

할아버지나 할머니는 단것을 자제하시는지 하루에 한 번씩 꼭 "메밀묵은 없냐?"고 물어본다. 없다고 하면 "이상한 놈이네 딴 놈은 메밀묵과 찹쌀떡을 같이 갖고 다니는데… 야, 진짜 없어?" 하고 되물어본다.

팔지도 못하고 괜히 욕만 먹으니 억울했다.

자정이 넘어가면 겨울 추위는 뼛속까지 파고들었다.

창문엔 거의 다 불이 꺼져서 불 켜진 창문을 만나면 반가웠다. 그 창문에 대고 살며시 '찹쌀떡'이라고 하지만 문이 열리며 찹쌀떡을 사는 경우는 거의 없었다.

자정이 넘으면 영업장소를 바꾼다.

불 켜진 당구장이나, 야근하는 오피스텔이 있으면 직접 들어간다. 당구장은 대게 열두 시가 넘으면 도박장으로 변해 있는 경우가 많았다. 잔뜩 술에 취하고 담배 연기가 자욱한 곳에서 건달처럼 보이는, 팔뚝이나 목에 문신이 가득한 사람들이 험상궂은 분위기를 연출하며 노름하고 있다.

"너 뭐야?"

(배 앞의 떡 좌판을 보고는) "뭐여? 찹쌀떡이여?"

"짭새는 아니지?"

돈 잃고 옆에서 뽀찌를 뜯던 사람이 찹쌀떡을 사겠다고 얼마냐고 물어보기도 한다. 하나에 삼천 원이라고 하면 오천 원을 주면서 두 팩을 가져간다. 천 원을 더 주셔야 한다고 하면, 싫으면 말라며 도로 오천 원을 뺏어간다.

도박은 자기들끼리나 하지 왜 베팅을 이 추운 겨울 온몸 얼어 돌아다니는 나하고 하려 하는지… 안 파는 것보다 나으니 할 수 없이 오천 원에 두 팩씩 팔지만, 그런 당구장을 만나는 것도 그날은 행운이었다.

그런가 하면 불 켜진 오피스텔은 분위기가 묘했다.

불이 켜져 있길래 노크를 하고 열린 문을 조심스럽게 들어가 보면, 사장으로 보이는 나이 먹은 남자와 비서로 보이는 젊은 여자가 파티션 넘어 벌거벗고 포개져 있기도 했다.

문 위에 달아놓은 고양이 방울 소리에 깜짝 놀란 그들은 황급히 옷을 걸치고

"뭐야? 뭐야?"

"어머나 어머나, 어떡해!" 이런 소리가 들린다.

차마 찹쌀~떡이란 소리를 내지 못하고 살며시 문을 닫는다.

이미 다른 떡을 맛있게 드시고 계실 줄은 몰랐다.

그들이 하는 소리도 뒤에 들려 온다.

"어머 어떡해! 사모님 오신 거 아냐?"

"쉿! 조용해 봐."

"일단 옷부터 입어."

"우린 아무 일 없었던 거야, 알았지?"

집안이 가난해 등록금을 벌기 위해 겨울방학 때마다 팔러 다닌 찹쌀떡.

팔기만 하느라 어떤 맛인지 한 번도 먹어보진 못했지만

안 먹어보고

보기만 해도 물리는 떡.

'찹~쌀~떡'

엿장수

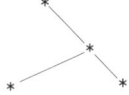

산동네에 올라온 엿장수가 영업을 시작하고 있다.

뿌연 비닐을 들추고 자르지 않은 긴 새 엿 하나를 꺼내 몰려든 아이들에게 이 흰 엿과 바꿀 수 있는 것들에 대해 조목조목 알려주고 있는데, 성질 급한 영미는 손 들고 질문부터 한다.

돈이 제일 좋지만 돈이 없으면 찢어진 고무신이나 빈 병 안 입는 옷가지도 좋고 돌아가신 할머니 은비녀도 좋다고 한다. 엿장수 설명은 한쪽 귀로 듣고 아이들은 오직 엿만 바라보며 침을 흘린다.

"아저씨~ 맛뵈기 하나만 주시면 안 돼요?"라고 묻는 아이들도 있지만, 그런 말에는 엿장수는 들은 척도 하지 않는다.

엿장수가 열심히 마케팅 활동을 하는 동안 더는 못 참는 어떤 아이들은 들린 비닐 속으로 침 묻힌 손가락을 넣어 엿 주위 밀가루를 찍어 맛을 보다가 엿장수 아저씨에게 된통 혼이 나기도 한다.

엿장수가 손뼉을 치며
"자 자~ 다들 이제 집에 가서 뭐라도 가져와 봐."
개울가 피라미처럼 빠르게 흩어진 아이들은 각자 집으로 돌아가 온 집안을 다 뒤집어 놓으며 온갖 것들을 가지고 나온다.
곧 신고 나갈 아버지의 쓰레빠와 얼마 전에 산 누나의 새 옷에서부터 멀쩡한 벽시계나 주무시고 계신 할아버지의 머리맡 라디오까지.
아이들이 집에서 엿 바꿀 물건들을 가져오지만, 탐이 난다고 그걸 덥석 받았다가는 어른들이 몰려와 곧 동네에서 쫓겨날 수 있으니 엿장수는 나름대로 확인 과정을 거친다.

아이들이 가져온 물건의 가치는 끊어내는 엿의 크기로 결정

되지만 대부분의 물건은 손가락 한 마디 엿을 크게 넘어가지 않는다.

집에서 가져올 건 없고 엿 좌판에 찰싹 붙어서 하루 종일 떠나지 못하는 아이들에게 엿장수는 자르다가 부서진 끄트머리 엿을 주면서 다른 데 가서 놀라고 하기도 한다.

엿장수 좌판 뒤에는 금이 간 달동네 담벼락이 있고 일찌감치 포기하고 가까이 오지 못하는 아이도 보인다. 저번에 세숫대야를 잘못 엿 바꿔 먹었다가 하루 종일 쫓겨난 기억이 있는 내 모습 같기도 하다.

호떡 천국

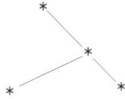

미아리고개를 올라가다 보면 많은 점집이 있었고, 고명상고까지 다 올라올 때쯤 왼쪽 언덕에는 호떡집이 있었다. 불을 뒤집어쓰고 화덕에 구워지는 호떡은 공갈빵처럼 크게 부풀어 올랐다 가라앉았다.

매일 27번 버스나 25번 8번 버스를 타고 가는 방과 후 하굣길에는 버스 차창 밖으로 그 호떡집을 뚫어져라 바라보며 천국을 엿보듯 침 흘리며 쳐다봤지만, 돈이 없다 보니 들어가 볼 엄두조차 내지 못했다.

그러던 어느 날 광국이란 친구가 자기 생일이라고 미아리고개 호떡을 먹으러 가자고 하며 사주겠다고 해서 이게 꿈이냐 생시냐

볼을 꼬집으며 설레는 마음으로 따라가게 되었다.

 가게 벽에는 흰 곰표 밀가루 가루가 묻어서 지저분했었지만, 검정 교복 차림의 학생들이 삼삼오오 모여 신나게 불타나게 허겁지겁 호떡을 먹고 있었다.
 넘쳐흐르는 꿀을 주체하지 못해 손가락 사이사이를 연신 핥아대고 빨아대며 와자지껄 호떡을 먹어대는 광경은, 흰 밀가루가 드문드문 묻어 있는 벽 때문인지는 몰라도 호떡 가게의 내부는, 거룩하고 성스러운 호떡 천국 그 자체의 모습이었다.

 학생들은 작은 호떡가게 안에서 한 달 치 토큰을 사야 할 돈임을 망각한 채 호떡을 몇 개씩이나 더 시켜 굶주린 아귀처럼 죽기 살기로 먹어대고 있었다. 어쩌면 이곳은 천국보다 훨씬 레벨이 높은 황홀한 지옥일지 모른다는 생각이 들었다.
 내기를 하는 학생들도 있었다.
 호떡 열 개를 먹으면 내가 돈을 내고 그렇지 않으면 네가 내라고 하며 호떡 천국에서 호떡 파티를 하고 있었다.
 호떡이 워낙 크고 달다 보니 아무리 먹성이 좋아도 세 개 이상은 먹기 힘들다고 하는 소문도 있었다. 평소 굶주림에 일상화된

나는 유튜브 먹방 스타들처럼 솔직히 백 개도 먹을 수 있을 것 같은데, 친구가 두 개를 사주면서,

"배불러서 더 못 먹겠지?"

"진짜 배부르지?" 하고 자꾸 물어봐서

나의 결핍이 들통날까 봐, 나의 굶주림이 너무 창피해서

"으응? 배?"

"으응, 그래. 정말 배가 부르네, 정말…"이라고는 했지만

속으로는 이 호떡집 창업 이래 한 번에 가장 많이 먹는 역대급 기록도 세울 수 있을 것만 같았다.

그날 먹다가 만 호떡에 대한 내 결핍은 트라우마가 되었다.

트라우마는 나의 내면에 깊이 자리하고 있었는지 요즘도 길 가다 호떡 파는 노점을 보면 늘 사 먹을까 말까를 고민한다. 방금 점심을 먹고 오는 길인데도.

나는 천국과 지옥을 믿지 않지만, 만약 천국이 있다면 그 천국에는 반드시 호떡이 있어야만 한다.

칼갈이 장수

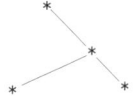

우리 동네를 찾아오던 칼갈이 장수가 있었다.

그는 구두닦이들의 구두통보다는 조금 더 크고 한여름 아이스크림 통보다는 조금 작은 나무통에 칼갈이 연장들을 담아 메고 다녔다.

사내의 키는 작았고, 나이는 40대 중반쯤 되어 보였다.

무딘 칼을 맡기던 동네 아줌마들은 사내가 동네에 오면 수근거렸다. 사내의 못생기고 새카만 얼굴보다 사내의 사타구니에 불룩하게 돌출된 남성 성기에 대한 이야기를 아줌마들은 하고 있었다.

소문을 들은 나도 사내의 바지를 보니, 과연 커다란 수세미 같은 커다란 남근이 아래로 쳐지듯 내려와 있는 표시가 보였다.

지금 생각해 보면 사내가 칼을 갈 때 숫돌을 사타구니에 끼고 반복운동을 하며 힘을 쓰다 보니 전립선에 무리가 갔고 그리하여 붓고 가라앉고를 반복하다가 기형적인 모습이 된 것 같은데…

동네 아줌마들의 추측과 상상은 야릇하게 다 달랐다.

동네 아줌마들은 칼 장수가 오면 칼이 녹슨 듯이 얼굴이 붉어졌고, 아이들을 시켜 칼이나 가위를 갈아오게 했다.

나중에 소문으로 알게 된 이야기지만 사내는 혼자 산다고 했다.

아내가 죽고 자식도 없이 혼자서 칼을 갈면서 살아간다고 했다. 저렇게 매일 칼을 다루고 칼과 가까이 사는데 각시도 없이 사니 무슨 낙이 있을 리도 없으니, 수틀리고 화나면 혹시 칼이라도 휘두를까 싶어 사람들은 사내를 경계했고, 나 같은 동네 조무래기들만 칼 가는 게 신기해서 그 앞에 쪼그리고 앉아서 칼 가는 구경을 하곤 했다. 구경하고 있으면 칼 장수는 집에 가서 물 한 바가지만 가져오라고 하곤 했다.

칼을 갈다가 칼 밥이 쌓이면 바가지 물을 끼얹어 씻어내리고 하늘을 향해 칼을 들어보고는 손으로 바짝 선 날을 만져보기도 했다.

 어떤 할머니는 칼 두 개를 갈면서 서비스로 가위도 갈아달라고 했다가 사내가 무표정으로 쳐다보니, 그냥 슬그머니 칼을 가져가기도 했다.

 사내는 명절이 되면 어김없이 동네를 찾아왔다.
 고기를 썰고 나물을 다듬던 동네 칼들은 다 그 사내가 갈아준 칼들이었다. 칼에 어떤 남근의 힘이 스며들었는지 사내가 갈아준 칼들은 사내가 다시 찾아올 때까지 잘 무뎌지지 않고 날이 시퍼렇게 꿋꿋이 서 있었다.

II

흙에 그려진 그림

속독

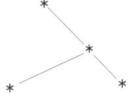

보성중학교 2학년 때였다.

당시 학교들은 토요일에도 4교시 수업을 했는데, 우리 학교는 문교부 시범학교로 지정되어 토요일에는 수업하지 않고 특활동을 했다.

수업의 연장 활동이니까 학생들은 누구나 하나씩은 의무적으로 해야 했다. 무늬만 특활이 아닌 외부 강사를 모시고 정말 재밌는 특활활동이 많이 만들어졌다. 그중에 속독반이란 게 있었다.

나는 호기심이 많은 아이였고 아무 생각도 없던 철부지 어린 나이였지만, 기특하게도 자기 계발 생각은 했었는지 내 발로 속독반에 걸어 들어갔다.

본격적으로 속독을 배우기 전에 처음엔 눈을 뜨고 감지 않는 훈련을 하게 했다. 책을 빨리 읽어야 하는데 눈을 깜빡거리면 흐름이 끊어진다는 것이다.

주기적으로 눈을 깜빡여야 하는데 억지로 눈을 감지 않으니 눈이 맵고 쓰라렸다. 눈알이 빠질 듯이 아팠다. 눈에서 눈물이 나고 콧물까지 나왔다.

속독 강사는 저절로 깜빡여지는 눈을 못 감게 눈에 성냥개비를 걸쳐 부릅뜨게 하고, 글자 없이 동그라미만 그려져 있는 훈련용 속독 교재를 뚫어지게 쳐다보게 했다.

책장을 넘길 때 손가락에 침도 못 바르게 했다.

손끝에 침을 바르는 동안 속도가 더뎌진다고… 책장 넘기는 손도 글자를 가린다고 직각과 대각선으로 기계적으로 착착 움직이게 했다. 이렇게 하면 아무리 두꺼운 책이라도 단 1분 만에 읽게 되고, 나중에는 손이 눈의 속도를 못 따라와서 책장을 못 넘겨서 못 읽는 단계가 된다고 했다.

속독만 배우면 내게 특별한 능력이 생기는 것 같았고 나도 곧 전교 1등이 될 것만 같은 환상에 사로잡혔다.

눈알에 작은 먼지 한 알만 들어가도 쓰리다고 눈을 비벼 대는데, 절대로 눈을 깜빡이면 안 된다고 하니 속독은 눈에 고춧가루를 통째로 들이붓는 고통이 뒤따랐지만, 전교 1등을 떠올리며 눈을 부릅뜨고 버티고 또 버텼다.

고통을 참고 한참 눈알을 굴리다 보면 눈알이 망막 뒤로 돌아갔는지 가끔 눈앞이 컴컴해지기도 했다.

눈알이 뻑뻑해지고 좀 이상해지고 있다는 생각도 들었지만 포기하지 않고 열심히 노력하자 드디어 효과가 나타났다.

분당 눈으로 삼백 자를 스캔하던 속도가 천 자, 삼천 자, 오천 자로 늘어났다. 솔직히 책을 읽는다기보다 글자 한 자 한 자를 스치듯 지나치고 넘어가는 거라서 과연 이게 효과가 있을까, 하는 의심이 들었지만, 속독 선생님은 우리의 뇌는 보는 속도보다 본 것을 이해하고 받아들이는 속도가 훨씬 더 빠르기 때문에 나중에 줄거리가 다 기억난다고 했다.

어린 생각에도 듣고 보니 참 그럴듯한 일리 있는 말이라고 생각되었다.

그런데 속독 배우고 나서부터 눈알이 제멋대로 눈 안에서 돌아다녔다.

 자려고 눈을 감아도 눈알이 막 움직이고 있어서 혹시 이러다가 시력이 나빠지는 거 아니냐고 물어봤더니, 눈을 부릅뜨는 훈련을 하니까 오히려 눈알에 힘이 생기고 더 좋아진다고 했다.

 태권도 노란 띠의 좌절 이후 새로운 목표가 생기자 나는 다시 열심히 훈련했다. 운동신경이 발달한 나는 가속도가 붙었다.

 5개월이 지나자 드디어 나도 1분에 책 한 권을 읽는 수준이 되었다.

 그날 방과 후 종로 쪽 서점으로 직행했다.

 나는 이제 평생 책을 돈 주고 살 필요가 없어졌다.

 그냥 서점에서 서서 30분만 읽으면 책 30권을 읽고 나오니까, 앞으로 그 많은 지식을 다 어떻게 감당할지 뿌듯해졌다.

 종로서적 30권 시리즈 책장 앞에 서서 나는 심호흡을 크게 한번 하고는, 책에 환장한 놈처럼 책을 뽑아 책장을 파다다다~ 파다닥~ 파다닥~ 무서운 속도로 넘겨댔다.

 눈을 안 감으니 눈물도 흘려가며…

 그런데 문제가 생겼다.

불편하게 서서 엄청난 속도로 책장을 넘기다가 책이 여러 권 찢어진 것이다. 책장은 세차게 넘겼는데 스무 권이 넘어가도록 책 안의 내용이 머리에 남아 있지 않았다.

대신 이상한 행동을 하는 어떤 미친 학생이 4층에서 울면서 이 서점의 책을 다 찢어발기고 있다는 신고가 접수되었는지 책방 점원이 뛰어 올라와 찢어진 책값을 변상하라고 옆에 서 있었다.

책방 점원은 새 책 30권을 저렇게 한순간에 누더기를 만드는 너는 도대체 정체가 뭐냐며, 우리 서점에 무슨 앙심을 품고 왔냐고 다그쳤다.

난 이 서점에 아무 감정도 없고 그냥 책 읽으러 왔다고 해도 믿어주질 않았다. 책 읽느라 눈이 따가워서 흘러내린 눈물을 옷소매로 훔치며 말하니까, 책방 점원은 나를 이상하게 생각했고 내 말을 곧이듣지 않았다.

머리에 단 한 줄도 남지 않은 책값 이만 원을 붉어진 얼굴로 계산하고, 찢겨 누더기가 된 책을 받아 들고 나서야 비로소 내가 무자비하게 넘긴 책이 심리학 전공자들이나 읽는 심오한 철학 서적들이란 걸 알았다.

지식인들이 맨정신에 정신 똑바로 차리고 몇 번을 읽어도 이해가 되지 않을 책을 그렇게 탈곡기 털듯이 탈탈 털어 넘기고는 무의식 속에서 뭔가가 남아서 다 떠오를 거라고 믿은 내가 어리석었다.

얼마 뒤, 시력을 측정해보니 2.0이던 시력이 0.1로 나빠져 있었다.

성적은 전교 1등이 아니라 정반대 방향으로 직행하고 있었고 혹사당한 눈의 후유증으로 한동안 사물이 두세 개 입체로 보였다.

그 이후 나는 내 몸을 도구로 사용하는 어떤 실험도 하지 않고 있다.

흙바닥에 그려진 세상

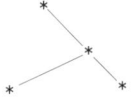

회사에서 하는 봉사활동에 참여했다.

소외된 계층에 대한 복지 차원의 걷기대회였는데, 장애인 노숙자, 독거노인 등 각 복지단체에서 지원받고 있는 불우한 사람들이 그 대상이었다.

후원자와 봉사자를 포함해 약 7천 명이 모였다. 나는 지적장애인을 인솔하여 남산 둘레길을 걷게 되어있었다.

내가 든 깃발 아래 그들이 모여들었다.

행사 시작 전 난 그들을 유심히 바라보았다. 너무나 잘생기고 선한 외모의 그들은 남들과 달리 조용하였다. 그들은 모여 있어도 떠들지 않았다. 옆 사람과도 말을 거의 하지 않았다. 그들의 눈 초점은 흩어져 있었다. 수정체가 겉돌고 있었다. 조리개가 역할을 잘하지 못하는 듯했다.

 식전 행사가 정치인들이 장황한 연설로 길어지고 있었다.
 따가운 햇볕에 앉아 기다리는 게 지겨울 법도 한데 그들은 어떤 불평도 없이 기다려주고 있었다.
 간혹 부스스 부스스 혼자 웃다가 생각이 멈추는 곳에서 그들은 웃음을 멈췄다. 그들은 나눠준 과자를 잘 먹지도 못했다. 과자를 흘리고 가루를 입에 묻히고, 마시던 물병 뚜껑도 열어놓고는 닫지 못했다.
 반쯤 물병에 담긴 물이 그들이 하다만 생각처럼 줄줄 흘러내렸다.
 그들은 어떤 즐거운 상상을 혼자서 하는지 땅만 보고도 웃고 있었다. 그들에게는 어떤 악한 생각도 없는지 나이와 관계없이 한결같은 어린아이 표정으로 해맑았다.
 정상적인 몸으로 태어나진 못했어도 많이 배우고 돈 많은 사람보다 더 행복한 표정을 짓고 있었다. 지금 연단에 올라와 생색내기 연설 중인 정치인들보다도 행복해 보였다.

 그들 중 하나가 작은 나무막대기로 흙바닥에 그림을 그리고 있었다.

그 그림 안에는 그가 이 세상에 오기 전 보고 온 세계가 있었고,

그 그림이 이 세상 밖으로 빠져나오려 애를 쓰고 있었다.

그는 작은 막대기로 그것들을 툭툭 치면서 자극을 주었다.

행사는 본질과 멀어지고 길어지고 있었다.

행사의 주인은 소외계층인데 연단에 올라온 귀빈들은 정치적 발언과 생색내기 발언으로 시간을 끌었다.

흙바닥의 아름다운 그림들은 이 세상으로 나오기 힘들었다.

두 개의 세상이 함께 존재하기는 어려웠는지, 정신지체아들을 인솔해왔던 인솔자가 와서는 중요한 분들이 말씀하시는데 딴짓하지 말라며 발로 그림을 뭉개버렸다.

흙에 그려진 세상을 힐끗힐끗 훔쳐본 나는 새로운 꿈을 꾸기 시작했다.

언어가 사라진 곳.

그래서 거짓이 발붙이지 못하는 곳.

말을 바꾸고 돌리지 못하는 곳.

그래서 약속이 더 소중하게 지켜지는 곳. 누구도 해롭게 하지 않는 자유와 자율이 있는 곳.

잘난 척하거나 떠들지 않는 곳.

스스로 맑으니 스스로 빛이 나는 곳. 아이의 선량한 눈망울을 죽는 날까지 보존되는 곳.

시기하고 질투하고 조롱하고 남의 약점을 잡으며, 강한 자에 아부하고 약한 자를 짓밟는 오염된 세상에 다른 세상 한 무더기가 와 있었다.

그 세상은 내가 든 팻말 아래 모여들어 있었다.

나는 그들이 그린 다른 세상 앞에서 잠시 문지기로 서 있었다.

마지막 맞선

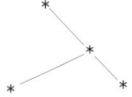

우리 엄마는 장남인 나를 결혼시키기 위해 수단과 방법을 가리지 않았다. 선을 수십 번이나 보게 했다.

나는 학교 다닐 때 깨달음을 얻었다는 큰 착각을 했었다.

종교 서적도 좀 읽었고, 선과 명상에 관한 서적들도 탐독하고, 이를 실천하다 보니 유체이탈의 착각도 체험하게 되었다.

내가 내 마음을 들여다보는 일로 시간을 보냈고, 욕망과 슬픔을 객관화시키고, 난 그것들에 휩쓸리지 않는 관찰자가 되기로 했다.

정해진 종교는 없었지만 단지 이 속세를 떠나고 싶은 마음에 머리를 깎고 스님이 되겠다는 생각이 있었다.

아들의 철없는 행동을 지켜보던 엄마는 가출을 염려한 나머지 결혼을 서둘렀다.

　여동생에게
　"니 친구 그 경앤지 뭔지 하는 애는 결혼했니?"
　"아! 결혼했다니까 몇 번을 물어 엄마는."

그냥 두면 장남이 결혼을 안 할 수도 있으니, 어느 날 갑자기 머리 깎고 '나무아미타불' 하며 합장을 할 수도 있으니, 집안 식구 모두를 동원시켰다. 수십 번의 선을 억지로 보았는데, 그중 마지막 선을 본 강원도의 돈 많은 여자에 대한 이야기를 하려 한다.

　그녀는 강원도 재벌의 막내딸이었다.
　강원도에 산과 땅이 많아서 당시 재산 수백억을 가진 사람을 아버지로 두고 있었다. 윗 형제들은 이미 다 결혼했고, 의사와 변호사가 사위로 포함이 되어있다고 했다.
　그녀는 미술을 전공했고, 서울에서 벌써 미술 학원을 운영하고 있었다. 첫 만남에 입은 옷은 잠자리 날개처럼 나풀거리는 실크로 텔레비전에서 연예인들이 입던 옷으로 보였다.
　당시 나는 변변치 못한 직장에서 영업사원으로 근무하고 있었고, 실적이 썩 좋지 않아서 그나마도 그만둘까 말까 고민을 하고 있었다.

깨달음을 얻어도 계속 정진하지 않으면 깨달음이 유지될 수 없다는 생각이었다. 그래서 계속 수행해야만 한다는 생각이 들었다. 그러나 현실은 수행을 하는 데 방해만 되었다.

사회생활을 하니까 자꾸 번뇌가 생겼다.

영업하다가 시간이 나면 스트레스를 없애기 위해 혼자 공원에 앉아 시나 산문을 끄적거렸다. 이도 저도 아닌 생활 속에 갈등만 거듭하고 있었다.

그녀는 첫 만남부터 엉뚱한 소리만 해대는 내게 호기심을 느꼈는지, 아니면 자신의 최대 장점인 돈에 대해 내가 초연한 모습을 보여서 그랬는지, 무슨 이유인지는 몰라도 토요일인데 어디든 놀러 가자고 제의했다.

차 한 잔만 마시고 헤어지기도 뭐하고 해서 내 차 티코를 타고 강화도로 향했다.

그녀는 내게 은근히 자기네 집이 돈이 많다는 자랑을 늘어놓았다.

이렇게 작은 차는 처음 타본다는 둥, 휴가 때 사위들을 다 포함

한 온 가족이 해외여행을 가고, 비용은 아빠가 다 댄다는 둥… 자기와 결혼만 하면 그런 호사가 기다리고 있다는 암시를 해왔다.

그녀가 비행기를 자주 타봤을 거란 생각이 든 나는

"저기 비행기 타면 코피가 진짜로 안 멈추나요?" 하고 물어보았다.

그녀가 생각하기엔 내가 참 개떡 같은 한심한 질문을 하고 있는 듯 보였는지

'뭐 이런 자식이 다 있나?' 하는 생각을 했는지,

그녀는 어이없다는 듯 헛웃음을 웃었다.

서로 생각하는 가치가 너무도 다르니 얘기는 겉돌았다. 하지만 극과 극은 더 통하는 부분이 있듯 대화하다 보니, 그녀는 나의 이런 세계를 순수하게 봤고, 난 그녀의 재벌가 이야기를 재밌게 들었다.

만약 이 여자와 결혼을 하면…

집은 이 여자에게 맡기고, 엄마가 그토록 원하던 아들만 하나 낳고, 난 절에 가든지 아니면 속세에 있으면서 시나 쓰며 살아도 되겠다는 얄팍한 생각이 들기도 했다.

그녀는 이런 생각을 했는지도 모른다.

'이 녀석은 좀 모자란 녀석이 맞네. 사회생활을 하는 놈이 돈에는 관심도 없고 계속 이상한 헛소리만 해대는데, 돈이야 내가 있으니 직업은 보지 말고 사람만 보고 괜찮으면 선택하라는 아버지 말도 있었고, 집안에 의사, 변호사 사위 다 있으니 내가 좋다는 사람이면 엄마도 반대 안 하고 결혼을 시키겠다고 했으니, 상태가 생각보다 좋진 않지만 차라리 좀 모자란 바보가 데리고 살기엔 더 나을 수도 있겠다.' 싶었는지도 모른다.

아무 생각 없이 가자고는 했지만, 그녀가 말하는 강화도는 생각보다 멀었다. 가자마자 점심을 먹으러 중국집을 찾는데, 그녀가 가자고 손가락으로 가리키는 곳은 고급 횟집이었다.

횟집에 가서 메뉴판을 보니 관광지답게 금액이 꽤 비쌌다.

여자는 자기가 살 테니 먹고 싶은 걸 골라보라고 했다.

나는 가격이 저렴한 메뉴판 맨 위를 보고 있는데, 그녀는 제일 비싼 아래를 보고 있었다. 줄돔 세꼬시인지 뭔지를 시켰는데 처음 맛보는 고급회는 식감이 쫄깃하고 고소했다.

물건을 모르면 값을 보라는 돌아가신 외할머니의 명언이 생각났다.

회를 먹고 서울로 오는데 인삼을 파는 곳들이 종종 눈에 띄었다.

남자한테 저 인삼 뿌리가 좋은데, 차를 세우라고 하며 사주겠다고 했다. 난 쓴 것을 안 좋아한다고 정중히 사양했다. 지금도 열기가 많아 힘든데 저거 먹으면 열이 끓어 죽을지도 모른다고 사양했지만, 초면에 이십만 원짜리 회도 얻어먹고 거기다가 인삼까지 받으면 사귀는 게 기정사실이 돼버리니까 그럴 수는 없었다.

서울로 올라와 강서구청 방향으로 왔다.

이제 커피만 한 잔 더하고 헤어져야 할 때가 된 것이다. 커피숍을 가려 했는데 자기는 다방이나 커피숍을 한 번도 가본 적이 없다고 했다.

그러더니 길 건너편에 있는 호텔을 가리켰다.

"저긴 왜?"

"저는 호텔 커피숍만 다녀요."

"친구들하고 만나면 저기서 수다를 떨어요."

"아니 호텔인데 저기도 커피숍이 있나요?"

신기해하며 갔는데 주차도 발레파킹으로 해주니 편하고 아주

좋았다. 아쉬운 점은 커피값이 두 배나 비쌌다는 것이다.

나는 속으로 불만이 생겼다.

강화도에서 시킨 고급회도 그렇고, 아무리 돈이 많아도 이렇게 마구 쓰는 건 좀 아닌 듯싶었다.

호텔 로비 1층의 구석진 칸막이가 있는 곳에 자리를 잡았다.

고급 커피를 마시며 다시 이런저런 얘기를 하는데, 여자는 화장실에 다녀오겠다고 했다. 그런데 화장실에 다녀온 여자는 자기 자리에 앉지 않고 난데없이 내 옆자리에 앉았다. 난 당황스러웠다.

"갑자기 왜?"

그녀는 머리를 기대왔다. 그러고는 내일 부모님께 말씀드리겠다고 했다.

"뭐? 뭘요?"

그녀는 양가 부모들 모시고 상견례를 하자고 했다.

"네~ 네? 상견례요!?"

그러고는 어차피 결혼할 건데 호텔로 올라가자며 눈과 얼굴로 신호를 보내왔다.

뭔가 크게 잘못 돌아가고 있었다.

선을 보고 마음에 들지 않으면 그 자리에서 헤어지는 게 옳았다.

난 그녀가 토요일인데 뭐 어디 갈 데도 없고, 어디 가까운 데 바람이나 쐬러 가자고 해서 아무 생각 없이 따라나선 것이었다. 거기다 춘천에서 엄마가 돈 많은 집 막내딸이니까 특히 실수하지 말라고, 괜히 중매한 사람 욕 먹이지 말라며, 아주 어렵게 만든 자리라고 단단히 주의를 주어서 그래서 여자가 하자는 대로 받아주던 중이었다.

그녀는 나를 깔보는 듯했다.

재산도 없고 집안도 별 볼 일 없고 직업도 부실하고 제정신도 아닌 것 같고 바보 같고 어리숙해 보이니까

'저 못난 인생을 내가 까짓것 책임져주지 뭐' 하는 아주 저만의 일방적인 생각을 했었나 보다.

너무 당황한 나는 아직 마음의 준비가 안 되었고 좀 더 만나고 생각할 시간이 필요하다고 죄지은 듯 조심스럽게 말하자 여자는 무섭게 변했다.

찬바람이 쌩하고 불더니 자기 자리로 가서 앉았다.

별 볼일도 없는 놈이 그나마 때가 묻지 않아서 거둬 주려고 했

는데 너는 네 복을 발로 찬 거란 표정이 역력했다. 니 주제에 생각이고 뭐고 잴 수준이냐는 듯, 날 훈계하듯 노려봤다. 그러고는 가자며 일어섰다.
 나는 뭔가 죄지은 사람처럼 따라나서며 목동에 있는 그녀의 집까지 운전해서 데려다주었다.
 그녀는 그 나이에 자기 혼자 아파트를 구입해 살고 있다는 과시를 하려는지 아파트 출입구에 차를 대게 했다. 차에서 내린 그녀는 뒤도 돌아보지 않고 아파트 안으로 사라져 갔다.

 다음 날 화가 잔뜩 난 엄마한테 전화를 받아야 했다.
 "쯔쯔쯔, 넌 니 복을 니 발로 걷어찼다."
 "그 집 재산이 얼만지나 아냐?"며
 "결혼만 하면 수십억은 떨어졌을 텐데… 왜 그랬냐."고 혀를 찼다.

 일주일 후 그녀에게 전화가 왔다.
 "그날 잘 들어갔어요?"
 "생각할 시간을 달라고 했고 일주일 시간이 지났는데 지금은 어때요?"

갑자기 그녀가 무서워졌다. 결혼하면 이보다 강도 높은 압박이 계속될 것 같았다.
"저기, 저…"
"나는 그쪽이 싫어서 그런 게 아니라 스님이 되려고…"
상대방 전화기에서 성불하라는 말과 함께 전화가 뚝 끊어졌다.

그로부터 3개월 뒤 엄마한테 전화가 왔다.
그녀가 사업하는 남자하고 결혼한다고… 이제 넌 어쩔 거냐고…

지금 생각해 보면 그 당시 내가 미쳤나 보다.
그 돈 많은 여자를 놓치다니, 그날 호텔에서 못 이기는 척하며 따라 올라갔으면 지금쯤 나는 원주 어느 안개 낀 호숫가 앞 별장에서 편히 시나 쓰고 있을 텐데…

고등학교 동창 모임에 가서
"얘들아, 아까 삼만 원 냈는데…"
"무슨 회비를 만 원씩 또 걷니?"라며 구차하게 안 물어봐도 될텐데

반공일

내가 6살 때였다

대가족과 함께 시골에서 올라온 나는
길음시장에서 정릉 청수장으로 넘어가는 언덕
그 중간쯤에 살게 되었다

집 앞에는 먼지가 날리는 큰 공터가 있었고,
그 공터 한켠에 빵 공장이 있었다

할아버지는 토요일을 반공일이라고 불렀다

반공일이 되면
할아버지는 머리맡에 있는 휴지통을 비우고
나를 앞세워 빵 공장에 갔다

공장에 가서 십 원을 주면
상품화될 수 없는 부서진 빵을
휴지통에 가득 담아 주었다

그런데 왜 할아버지는
더럽게 자신의 휴지통을 비우고
그걸 들고 가셨을까?

지금 생각해 보면
빵은 롤케이크를 단면으로 자른 것이었다

동글동글 말린 빵 안에
검은 팥고물이 들어있었다

기계로 자르다가 제각각

부서지고 깨진 빵들이지만

아무 포장도 없이
두 손으로 대충 막 퍼 담아주는 빵이고
퍼담는 과정에서
또 깨지고 부서지는 빵이었지만

그 맛은 일반 가게에서 파는
비닐 포장 속의 예쁜 빵들과 똑같다고

빵 공장 공장장쯤 된 듯한 분이
헛기침을 하며 말해주었다

휴지통에 가득 담긴 빵들은
일주일간 나의 요긴한 간식이 되었다

반공일 이른 아침이 되면
늘 할아버지는 십 원짜리 지폐를 호주머니에 넣고,
당신의 휴지통을 비웠다

오늘은
할아버지의 휴지통을 들고
빵 공장에 다시 가고 싶은

할아버지의 따뜻한 정이 그리워지는
그런 날이다

여동생 친구 경애 1

여동생 친구인 경애가 고등학교 2학년 때, 우리 집에 놀러 오게 되면서 나는 경애를 처음 보게 되었다.

그날은 비가 많이 왔다.

내 방으로 건너온 여동생이 라면을 끓였으니 오빠도 같이 먹자고 했다.

"니 친구 왔잖아."

"니네 둘이 먹는데 내가 끼면 어색하지 않겠어? 친구가 불편해하지 않겠어?"

"아냐, 같이 먹어도 된대."

어차피 나도 점심을 먹긴 해야 하고 여동생 친구가 같이 먹어도 된다는데, 세 살이나 더 나이 먹은 내가 못 먹겠다고 할 상황도 아닌 것 같아서 안방으로 건너가 함께 라면을 먹게 되었다.

경애는 잘 먹지도 않고 젓가락만 까닥거렸다.

그날 처음 본 여동생 친구한테 '넌 왜 안 먹니?' 물어볼 숫기도 없었고, 나는 내 분량 정도의 라면만 후~룩 후~룩 젓가락으로 두세 번 정도로 볼이 메어 터지게 입에 넣고는 안방을 나왔다. 그게 경애와 첫 만남이었다.

그날 이후 경애는 이틀이 멀다 하고 우리 집에 놀러 왔다.

경애를 잘 알고 있는 여동생은 경애를 조심하라고 신신당부했다. 경애가 운동을 해서 보기보다 암팡진 데가 있으니, 오빠처럼 희멀건 순둥이가 사귀게 되면 틀림없이 오빠가 상처받을 거라고 했다.

어느 날, 여동생이 말하길 경애가 날 좋아한다고 동네방네 떠들고 다녀서 여학교에서도 이미 소문이 파다하게 나 있다고 했다. 그때마다 나는 픽 하고 웃어넘겼다. 그때 세 살 차이면 나이 터울도 크게 느껴질 때고 해서

"야~ 이, 쪼그만 것들이 공부는 안 하고."

그리고 조심은 무슨 조심 난 경애한테 전혀 관심이 없었으니 여동생 말을 귓등으로 듣고 넘겼다.

경애와의 이런 기억을 뒤로하고, 나는 군대에 다녀왔다.

내가 군대에서 제대한 사실을 알게 된 경애는 삼 년 전과는 완전히 다른 한층 더 성숙해진 모습으로 우리 집에 놀러 왔다. 수줍어서 라면에 젓가락도 못 대던 경애는 온데간데없이 날 보자마자 반말이었다.

"오빠~ 안녕?"

"오랜만이죠? 우리."

우리?

우리라… 허 참 얘 봐라 하는 생각을 속으로 했는데…

그로부터 한 달이 지난 어느 일요일 겨울이었다.

나는 여동생과 장미 무늬가 크게 그려진 붉은 담요를 덮고 고구마를 쪄 놓고 열심히 만화책을 보고 있었다.

그때 경애가 또 찾아왔다.

추운 겨울이라 셋이 담요 속에 하반신을 밀어 넣고 있었다.

보던 만화책을 잠시 접고 이것저것 얘기하다가 군대 얘기를 하게 되어, 허풍을 잔뜩 섞어 군대 이야기를 한참 하는데…

갑자기 내 발목에 누군가의 발이 닿았다.

발이 닿으면 뻗어 닿은 쪽 발이 물러나는 게 예의인데 그 발은 물러나지 않았다. 덮은 담요로 발의 각도를 보니 경애의 발이었다. 난 발을 많이 접고 앉아 있었기에 더 물러날 공간이 없었고, 게다가 벽에 기대고 앉았기에 더 물러날 뒷공간도 없었다.

나는 순간적으로 당황했다. 군대 얘기에 흐름이 끊겼다.

'어, 계속 닿고 있는 이 발을 어떡하지?' 하는 생각을 하면서

'아, 그래~ 발이 닿을 수도 있지 뭐.'

이불도 작은데, 경애가 발이 저리니까 잠시 쭉 펴고 앉은 거겠지 하고 하던 군대 얘기를 계속하려는데…

헉! 하는 숨 막히는 상황이 발생했다.

경애의 발이 아니 발가락이 내 종아리 위로 타고 올라오기 시작한 것이다. 발가락은 내 종아리를 꼬집다가 비벼댔다. 식은땀이 흘렀다. 여동생은 이불 안에서 벌어지는 이 상황을 전혀 모른 채,

"오빠 왜 그래? 어디 아파? 갑자기 안색이 안 좋아."

"으응? 내, 내, 내가?"

난 천장을 보는 척하며 경애의 얼굴을 슬쩍 쳐다봤다.

경애는 이불속 발가락으로는 그 장난을 치면서 이불 위에서는 웃으며 여동생과 즐거운 담소를 이어가고 있었다.

'아, 이건 뭐지? 담요를 확 걷어버릴까?'

그럼 그 뒤의 상황은? 그럼 어떻게 되는 거지?

내가 수동적으로 반응하자 발가락은 이제 제 세상을 만난 듯 담요 안에서 춤을 추고 있었다.

급기야 발과 발가락은 내 허벅지까지 타고 올라왔다.

발가락은 이제 나의 가장 은밀하고 예민한 곳. 그 한 곳만을 남겨놓고 있었고, 그곳으로 접근하는 건 경애가 마음먹기 문제일 뿐 언제라도 한순간에 닿을 거리였다.

눈에 보이지 않는 그 발가락이 가고 싶은 곳은 분명해 보였다.

내가 몸을 비틀며 나름대로 방어한다고 해봤지만, 발가락은 내 몸의 굴곡에서 길을 잃지 않고 정상으로 오르는 길을 정확하게 찾아내고 있었다. 많이 그리고 자주 와본 길이라는 듯이…

아, 이 애의 장난은 어디까지 갈 건지?

아니, 얜 무슨 발가락이 손가락 같지?

운동을 해서 그런가? 정말 미치겠네.

군대에서 받은 그 어떤 혹독한 훈련도 이보다 힘들진 않을 듯 싶었다.

긴장이 되니까 십 분이 지났는지 두 시간이 지났는지 시간도

가늠이 되지 않았다.

  고통은 흥분과 뒤섞여 몸이 꼬이며 식은땀만 비 오듯 흐르고 있었다.

  여동생이 배고픈데 우리 밥이나 먹자고 말하며 부엌을 향해 일어섰을 때, 발가락은 뱀처럼 내 몸에서 스르르 한순간에 미끄러져 내려갔다.

  동생이 밥상을 차리러 부엌으로 나가고 둘만 남게 되었는데도 경애는 시선도 피하지 않고 정말 똑같은 표정으로 앉아 있었다.

  자기가 발가락 장난쳤는데 '그게 왜? 어떠냐? 뭐가 잘못됐냐?'는 듯이 아주 당당한 표정이었다.

  반면에 시뻘게진 얼굴로 번들번들 식은땀투성이가 된 나는 어쩔 줄 몰라 한숨을 몰아서 쉬면서 다시는 저 애 경애를 만나서는 안 되겠구나 하는 생각을 속으로 했다.

  나중에 경애가 돌아가고 나서 난 여동생에게 이 사실을 이야기했다.

  여동생은 팔팔 뛰었고, 그날 이후 경애가 오면 아무리 추운 겨울이라도 이불을 모두 걷어 장롱에 넣게 되었다. 행여 이불을 덮더라도 여동생의 발이 우리 둘 가운데를 가로막고 보초를 서고 있게 되었다.
 "보일러가 꺼진 거야?"
 "방바닥이 왜 이리 차가워?" 하면서
 가끔 이불도 들춰보면서…

여동생 친구 경애 2

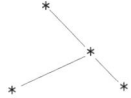

 여동생 친구인 경애가 나를 많이 좋아하고 있었던 것 같다.
 하지만 나는 동생 친구 이상의 생각이 없었다. 경애는 고등학교 때 펜싱 선수를 했었다. 남들이 볼 때는 약간 깜찍하고 예쁘다고 했으나 난 예쁜지 깜찍한지 곰보인지… 여동생 친구라서 관심이 없었다.
 그날도 경애가 우리 집에 놀러 왔다.
 그날은 밤늦게 와서 자고 간다고 했다. 그날따라 경애는 뭔가를 작심하고 온 듯했다. 여동생과 나 그리고 경애 이렇게 셋이서 소파에서 도란도란 얘기를 했다.
 여동생도 스물두 살이고 우린 성인이었으니까, 맥주도 마시면서 얘기하다 보니 밤 열두 시가 넘었다. 그때 우리 집은 3층에 위치한 60평짜리 방 4개의 넓은 전세로 살고 있었다. 밑에 층이 병원이라서 3층으로 약 냄새가 많이 올라왔다. 그래서 20평짜리 집보다 전세가 쌌다.

대화가 끝없이 이어지다 보니 피곤했던 여동생이 자기는 먼저 자겠다며 방으로 들어가면서, 뭔가 불안했는지 안방 방문을 살짝 열어두고 우릴 감시하는 듯했다.

여동생도 없고 넓은 거실에 경애와 둘이 있으니까 약간 어색하고 서먹서먹해졌고, 그동안 감탄하며 잘 듣고 있던 나의 개똥철학을 경애도 듣는 둥 마는 둥 했다.

피곤하면 그만 들어가서 자라고 몇 번을 말했는데, 경애는 안 피곤하다며 말똥말똥한 눈을 치켜떴다. 그래서 할 수 없이 하던 얘기를 계속하는데 솔직히 나도 김이 빠졌다.

이제 더 할 얘기도 없고 얘깃거리도 다 떨어졌고 그래도 어색함을 달래기 위해선 했던 얘기라도 계속해서 해야 할 수밖에 없었는데…

경애가 아까부터 이상하더니 얼핏 쳐다보니 째려보는 듯 응시하는 듯 나를 계속해서 노려보고 있는 것이 아닌가. 들짐승이 먹잇감 노려보듯이…

더 어색하고 부자연스러워진 내가 말을 더듬다가

"근데 너 왜 그렇게 날 쳐다보니? 내 얼굴 빨개지게?"

이 말을 했던 게 화근이었다.

가뜩이나 뭔가를 잔뜩 벼르고 있는데 빌미가 될 얘기를 내가 한 것이다.

"내가 더 빨개지게 해줄까?" 하면서 긴 소파 위를 날듯이 건너뛰어 경애는 내 앞에 바짝 다가왔다.

나는 이 사태를 책임질 자신이 없었다.

지금 여동생이 문을 열어두고 자고 있는데, 여동생이 지금 자는지 안 자는지도 모르는데, 경애가 갑자기 확 다가와 입술을 포개왔다. 이게 나의 첫 키스 경험인 걸 아는지 모르는지.

경애는 키스 경험이 아주 많은 듯 노련했다.

순진했던 나는 키스란 게 입술만 대는 것이지 혓바닥도 집어넣고 하는 줄 그때 처음 알았다. 긴장과 떨림과 동생이 안 자면 어떡하나 하는 불안한 두려움으로 뭘 즐기고 느낄 겨를이 없었다.

경애는 눈빛과 눈짓으로 자신의 봉긋한 가슴을 거푸 가리키면서 뭔가 다른 요구를 했다. 본능적으로 뭘 하라고 시키는지는 알겠지만, 여동생이 보고 있을지도 모를 불 꺼진 방안이 여기선 보이지도 않고 반대로 불 켜진 거실이 어두운 방 안에서는 훤히 보일 텐데… 너 정말 여기서 이러고 싶니? 하는 눈빛으로 경애를 말렸다.

경애는 내 하체를 타고 앉아서 농염한 키스를 하면서 한 손으론 내 손을 잡아 자기 가슴으로 가져갔고, 다른 한 손으론 내 중요 부위를 더듬기 시작하더니 급기야 내 바지 속으로 손을 넣으려 했다. 나는 한 손으론 경애의 젖가슴을 쥐고 있으면서도 다른 한 손으론 바지 속으로 들어오는 경애의 한 손을 다급하게 막아서고 있었다.

입에 들어와 휘젓고 다니는 경애의 혓바닥에 정신을 못 차리면서도 아랫도리로 들어오는 힘 있는 손을 막다 보니 낡은 소파의 삐걱대는 소리가 유독 크게 들렸다.

다음 날 아침, 여동생과 셋이서 아침밥을 먹는데 경애는 또 그렇게 천연덕스럽게 밥도 잘 먹었다.

난 여동생을 잘 아는데 여동생이 어제 일을 알고 있는 듯했다. 왜냐면 자기가 일찍 들어가 잤으면 농담이라도,

"어제 둘이 무슨 일 있었던 건 아니지?"라고 물어봐야 정상인데

내 눈치를 보는 것 같기도 하고, 경애 눈치를 보는 것 같기도 하고, 밥 먹는 동안 어색함이 흘렀다.

요즘도 여동생 집에 놀러 가면 여동생이 경애 이야기를 한다.

경애가 내 소식을 자주 물어보고 그때 나하고 결혼했어야 하는데… 라고 한다는 것이다.

경애는 그때 그게 나의 첫 키스 경험인 걸 모르고 있을 텐데…

지금 생각하면 첫키스를 도둑맞은 것 같다.

여동생 친구 경애 3

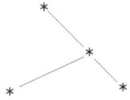

여자의 나이가 스무 살이 되면 누구나 몰라보게 예뻐지나 보다.

여동생 친구로만 보였던 경애가 첫 키스 이후 갑자기 여자로 보이기 시작했다. 경애는 집에 가면서 내 손에 쪽지를 쥐여주었다. 자신의 직장 전화번호였다.

여동생은 자기 친구인 경애가 나를 끔찍이도 좋아한다는 것을 알고 있었다. 여동생은 경애에 대해 인간적인 연민을 가지고 있었다.

둘이 있으면 내 얘기만 궁금해하고 물어보는 친한 친구 경애가 가엾고 또 안쓰럽기도 했던 모양이었다. 하지만 여동생은 단호했다. 우리 둘의 결혼은 무슨 일이 있더라도 반대를 하겠다고 늘 내게 공언해왔다.

"야, 내가 미쳤냐? 내가 걔하고 결혼을 왜 하냐?"

"오빠가 경애를 몰라서 그래."

"내 친구지만 경애는 집요한 면이 있고…"

"성품이 나쁘지는 않지만, 수틀리는 일 있으면 위아래가 없으니 나중에 결혼해서 오빠가 잘못하면 엄마 아빠까지 화가 미칠 수 있으니까 그래서 경애는 안 된다고 하는 거야."

세 살이 어렸지만, 여동생은 슬기롭고 총명한 아이였다.

지방에 계신 부모의 관심 밖에서도 반에서 늘 1등을 하던 아이였다. 몸이 아파 공부를 중단해야 했지만, 여동생은 아주 어릴 때부터 책을 손에서 놓지 않았다. 중학생일 때도 내가 받아온 고등학교 국어교과서 소설 수필을 나보다 먼저 읽던 아이였다.

여동생은 내가 제대하고 보니 몸이 나아져서 검정고시를 통해 호텔전문대를 다니고 있었다. 요즘도 집에 가보면 늘 책을 읽고 있다.

"네가 작가가 됐어야 하는 거 아니냐?"라고 나는 묻기도 했다.

책을 많이 읽으니 입에서 나오는 말마다 사려 깊은 명언이고 판단력은 항상 미래까지 바라보았다. 그런 여동생이 하는 말이라 난 경애를 좀 멀리하려 했던 것이기도 했다.

여동생은 둘이 사귀는 건 찬성했다. 하지만 결혼은 안 된다는 선을 분명하게 그었다. 나한테 말하지 않은 한 가지가 더 있는데 그건 둘이 결혼을 강행한다고 하면 터트리겠다고 했다.

난 아직 사귀지도 않았는데 무슨 결혼이냐고 했지만, 경애는 나하고 결혼하겠다고 수없이 공언하고 다녔기 때문에 불안해진 여동생이 초기 진화에 나선 것이다.

여동생에 의하면 경애는 마음만 먹으면 오빠의 의지와 관계없이 결혼을 감행할 수 있을 거고, 오빠의 유약한 심성과 무능함은 경애를 끝까지 데리고 살 수 없을 것 같으니 불행의 씨앗을 뿌리지 말라는 거였다. 그럼에도 지금 당장 짝사랑에 고통받는 경애와 그대로 두면 언제까지 여자 구경도 못 할 것 같은 한심하고 불쌍한 오빠를 보니 사귀는 것까지는 반대할 생각이 없어 보였는지, 웬일로 경애가 집에 갈 때 버스정류장까지 나보고 바래다주라고 했다.

난 경애가 적어준 전화번호 쪽지를 들고 고민에 고민을 거듭하다가 한 달 정도가 지나서 전화했다. 그리고 명동 어느 경양식집에서 경애를 만났다.

경애는 검정색 코트를 입은 세련된 도시녀의 모습이었고, 입술에서는 붉은빛이 감돌았다. 약간 차가워 보이던 외모가 갑자기 지적이고 당차고 똑똑해 보였다.

도발적이던 경애의 행동을 경험한 터라 얘가 오늘은 또 무슨 일을 저지를까? 하는 걱정이 있었지만 솔직히 어떤 기대감도 있었다. 하지만 내 마음은 아직 정리가 되어 있지 않았다. 경애를 사귈까? 말까? 그래 오늘 만나보고 결정하자 하고 나온 것이었다.

돈가스를 앞에 두고 나는 특유의 정리되지 못한 개똥 같은 지식을 잡다하게 늘어놓았다. 경애 앞에서 깊이도 없는 하잘것없는 개똥철학과 껍데기 이론을 잔뜩 풀어놓았고, 이 모든 것의 결론은 결국 사랑이라는, 사랑의 특수상대성이론으로 연결시키고자 무던히 애쓰고 있었다.

하지만 당장 눈앞 현실에만 관심이 있는 경애가 이런 것에 관심이 있을 리가 없었다. 20분가량을 듣고 있던 경애는 뜻밖의 얘기를 하기 시작했다. 요즘 자기가 좋아하는 사람이 생겼다고 했다. 그 한마디에 열변을 토하던 내 개똥철학은 모래로 지은 집처럼 흔적도 없이 사라져버렸다.

난 당연히 그게 나라고 생각했기에 '아~ 얘가 드디어 뭔가 고백을 시작하려나 보다' 했는데 뜻밖에도 경애의 입에서 다른 남자 이름이 튀어나왔다.

어? 이건 또 무슨 상황이지?

오직 나만을 짝사랑한다고 무수히 들어왔기에 사귈지 말지를 고민하고 만나러 간 나는 나의 본분을 망각한 채 나는 경애에게 질질 끌려가고 있었다.

강한 중력에 힘없이 끌려가는 별똥별처럼 포로로 붙잡힌 패잔병처럼 갑자기 실망감이 엄습하면서 경애에 대한 집착과 원망이 동시에 생겨났다.

이런 얘기를 들으려 여기 온 게 아닌데… 어쩌면 사귀게 될지도 모를 각오도 하고 여기에 온 건데 놓친 물고기가 더 커 보이듯 갑자기 경애가 더 예뻐보였고 사랑스러워 보이기까지 했다.

"그 남자는 언제부터…"

설마 하는 생각도 들어서 건조하게 마른 목소리로 경애한테 물어보았다.

혹시 나를 떠볼 수 있을지도 모르니까 진짜인지 거짓말인지 확인이 필요해서였다.

경애의 입에서 곧 충격적인 말이 튀어나왔다.

지금 사귀는 사람과 만난 지는 보름 정도 되었고, 남자 쪽에서 먼저 대시해서 좀 고민했는데 받아주기로 했다는 것이다.

다음 주에 강릉으로 여행을 가기로 했다고 한다.

내 목소리는 떨리며 쩍쩍 갈라지고 있었다.

나는 씹고 있는 돈가스의 맛을 못 느끼고 있었다.

"넌 지조도 없냐?"

"나한테 전화번호 알려준 건 뭐고?"

"나 좋아한다며?"

"그 발장난은 또 뭐였고?"

"소파에서 갑자기 한 키스는 뭐였냐?"고 따져 묻고 싶었었지만, 머릿속에서만 맴돌 뿐 입에서는 내 의지와 다른 말들이 나왔다.

"으응, 그렇구나~ 자알됐네."

"그래서? 둘이 여행 가려고?"

"당일치기?"

"아니~ 2박 3일로 가기로 했어."

"금요일 퇴근하고 출발할 거야."

"커컥!"

먹던 돈가스가 목에서 걸려버렸다.

이제 뭐 더 이상 앉아 있기도 싫었고, 이런 얘기를 듣자고 내가 여기 왔나 싶고, '대체 얘는 정체가 뭐야?' 하는 생각이 들었다.

여동생이 우려한 대로 나는 나뭇가지에 걸려 있는 찢어진 비닐

연 신세가 되어 있었다. 경애라는 바람이 불면 부는 대로 이리저리 갈피를 못 잡고 흔들리는…

기운이 쭉~ 빠져나가면서 맥주만 계속해서 마셨다.

빨리 취해야 몸도 마음도 뭔가 모를 이 답답함에서 벗어날 수 있을 것만 같았다.

경애는 내 마음속을 자유 유영하는 듯 묘한 눈으로 내 변화를 바라보는 듯 내 마음과는 다른 자신만의 무언가를 즐기고 있어 보였다. 경애는 술을 잘 마시지 못했다. 우리는 식사를 다 마쳤고 해야 할 이야기도 다 끝이 나 있었다. 여동생이 나를 측은하게 쳐다보는 얼굴이 떠올랐다.

내 눈치를 살피던 경애는 다른 쪽으로 말을 이어갔다.

여동생과 친하게 된 계기와 여동생이 학교 다닐 때 별명이 만물박사였다는 것과… 나는 건성으로 들으며 뭔가 반전을 기다리며 30분을 듣고 기다렸지만

"깔깔깔… 해기 오빠 아까 내 말은 다 농담이었어."

"나는 해기 오빠만 좋아해."

"사랑해~ 해기 오빠!" 이런 말은 나오지 않았다.

침울해진 나는 시계를 보는 척하며,

"늦었네."

"가야지? …가자!"
"넌 어디 딴 데 또 갈 거니? 그 남자 만나러?"
"아뇨, 집에 가야죠!"

경애의 집은 번동 방향이었다.

우리 집까지 방향이 비슷했다. 명동에서 미아리고개까지 함께 버스를 타고 왔다. 거기서 경애는 버스를 갈아타야 했기에 같이 내렸다. 마음 같아서는 난 내리지 않고 곧장 집에 오고 싶었으나 이게 마지막일 텐데 하는 심정으로 가는 길이나 배웅해 주자는 심정으로 내렸다.

경애가 내 앞에 서서 버스가 오는지 쳐다보다가 뒤로 물러서곤 했다.

그때마다 경애의 등과 내 가슴이 닿았다. 몇 번을 그러다가 경애가 등을 기울여 내 가슴에 기댔다. 나는 다시 기분이 야릇해지기 시작했다. 착각이 들기 시작했다. 경애는 타고 가야 할 버스 한 대를 그냥 보냈다.

나는 그때 어디서 무슨 용기가 났는지
"춥지 않아?"
경애를 뒤에서 가볍게 안았다.

경애도 피하지 않고 자기 손으로 둘러진 내 손을 당겨서 둘 간의 몸이 더 밀착되었다. 경애의 머리칼과 뒤 목덜미가 내 입술과 닿을 듯 가까워졌다.

경애 귀에 대고

"넌 대체 정체가 뭐니?"

"너 진짜 금요일 밤에 그 남자하고 여행가니?"

"그 여행 가면 나하고는 끝인데…"

"정말 갈 거니?"

하고 물어보고 싶었지만 역시 생각뿐 자존심도 상하고 해서 물어보지 못했다.

버스를 기다린 시간이 40분이 넘어갔고, 그 사이 번동 방향 버스가 셀 수 없이 지나갔다.

길 건너에 여관이 불을 켜고 있었다.

서로 무슨 말을 할 듯 말 듯 하다가 버스가 끊어질 시간이 되자, 경애는 그만 가야 한다며 버스에 올라탔다.

뭔가 모를 차가운 기운이 온몸을 관통해 갔다.

집에 돌아온 나는 여동생 얼굴을 쳐다보지 못하고 이불을 뒤집어썼다. 어리게만 본 여동생 친구한테 둔기로 뒤통수를 호되게 맞은 건지, 이게 대체 무슨 상황인 건지, 이제 여동생 얼굴은 무슨 낯으로 보나?

이후 난 혼란스런 시간을 보냈다.

술도 많이 마셨다. 이까짓 세상 따위 아무 의미가 없다는 생각도 들었다. 여자를 경멸하기 시작했고 앞으로 여자 같은 건 만나지 말아야겠다고 결심했다.

해가 바뀌고 4월이 된 어느 날 여동생이 들어오며 나를 불러댄다.

오늘 경애가 우리 집에 놀러 올 건데 해기 오빠 집에 있냐고 물었다는 것이다.

"또?"

나는 황급히 옷을 입고 자리를 피해 친구 집으로 갔다.

그날 친구 집에서 자고, 다음 날 오후가 되어 집에 들어갔다. 집에 갔더니 여동생은 왜 이제 오냐며 경애가 오빠를 기다리다가 조금 전에야 갔다고 했다.

그로부터 5년 후, 경애가 결혼했다는 소식을 여동생을 통해 전해 들었다.

"누구하고 결혼 한 거니?"

궁금해서 물어보니 내가 모르는 다른 남자였다.

그리고 또 3년이 흘렀다.

여동생도 결혼했다. 여동생의 첫아이 돌잔치에 갔는데 거기서 경애를 다시 만났다.

경애는

"그때 오빠하고 결혼했어야 하는 건데"라고 한다.

30대 초반이 된 나는

"경애야, 제발 이제 그런 얘기는 그만하자"라고 말하고 싶었는데, 역시나 말하지 못했다.

이후에도 여동생의 시아버지 회갑, 둘째 아이의 돌, 각종 행사 때마다 가면 마주치는 경애 만날 때마다 그놈의 나와의 결혼 타령.

여동생 말대로 경애는 자기가 마음만 먹으면 날 꼬셔서 결혼할 수 있다고 생각한 게 틀림없는 듯하다. 모자라고 부족하지만 데리고 살면 종처럼 부릴 수 있는 장점도 있는, 저 희멀건 바보와의 결혼을 참 많이도 고민했었나 보다.

우리 집안에 초상이 나면 경애를 또 마주칠지도 모르는데…

이제 결혼이 아니라 졸혼할 나이가 되었는데도 그런 얘기를 계속할지…

내 친구 철렁이

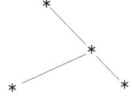

학교 다닐 때 내 이름도 특이했지만 정말 독특한 이름을 가진 친구가 있었다. 그 친구의 이름은 '철렁'이었다.

이름으로 갖는 고통을 잘 알았기에 나는 남의 일 같지 않았다.

그런데 그 친구는 이름보다도 더 특이한 행동을 했다. 말을 안 한다는 것이었다. 학교에서 한 번도 철렁이가 얘기하는 걸 본 사람이 없었다.

수업시간에도 교수가 출석을 부르면 손만 들뿐 대답을 하지 않았다.

친구들 말귀를 다 알아듣고 웃을 때 함께 따라 웃는 걸로 보아 들을 수 있으니 분명히 말도 할 수 있을 것이고, 이 학교까지 온 걸로 보면 말을 못 하는 건 아니었을 것이다.

가만히 지켜보니 영어 수업시간에 문장을 따라 읽을 때도 입만 뻥긋뻥긋 벌릴 뿐 소리는 내지 않았다. 이름도 특이한 데다가 말까지 안 하니 철렁이에 대한 학생들의 관심은 시간이 가면 갈수록 증폭되었다.

철렁이는 사람들에게 얼마나 많은 질문을 받았을까?

특이한 이름으로 인해 얼마나 많은 객쩍은 농담을 들었을까?

"야, 니 엄마가 너 낳을 때 못생겨서 가슴이 철~렁했냐? 그래서 철렁이냐?"

"진짜 본명 맞냐?"

"니 이름은 한 번 들으면 까먹을 수가 없겠다야."

수업시간에 교수가 출석을 부를 때마다 학생들은 입을 가리고 킥킥 웃었다. 교수도 이름을 부르려다가 멈칫하고 웃으면서

"김철렁?"

"야~ 이거 진짜 맞아?"

"누구야?"

"일어나 봐!"

"누구냐니까?"

매시간 이런 일이 철렁이에게 일어나 왔고 앞으로도 반복될 것이다.

동사무소나 은행 창구 직원 집배원들까지도 철렁이 이름을 보고 고개를 갸우뚱하거나 웃음을 참아가며 부르곤 했다.

"저, 고갱님~ 고갱님~ 이름 부르며 웃으면 안 되는 거 아는데…"

"죄송하지만 진짜 이름 맞으시죠오?"

철렁이는 사람들을 피해 다녔고 말을 하지 않았다.

얼굴에 큰 점이 있던 재숙이 누나처럼.

철렁이는 이름에 대한 변명과 설명을 평생 동안, 매일 매일, 매시간, 매순간 할 수 없으니 사람을 피하는 것 같았다.

3학년이 끝날 무렵 여학생들의 화제는

"야, 너 일 년 동안 복학한 철렁이 오빠하고 한마디라도 말해 본 적 있었니?"

"아니~ 넌?"

"나도 안 해봐서 그래."

"그럼 넌? 너두? 너두?"

"그럼 우리 과에 여학생이 반이나 되는데 말해본 애들이 한 명도 없단 말야?"

"그럼 말하는 거 본 사람은 있어?"

"뭐 봤다고?"

"말 안 하고 웃으면서 그냥 고개 끄덕이는 걸 말하는 걸로 잘못 본건 아냐?"

이런 대화들이 오갔을 정도였다.

오죽했으면 지영이도
"해기 오빠는 철렁이 오빠하고 친하지?"

"그럼 철렁이 오빠하고 말도 해봤겠네?"

"응, 나는 말해봤지~"

"무슨 말?"

"저번에 빌려 간 노트 깜빡 잊고 안 가져와서, 시험기간인데 미안하다고 했더니 웃으면서 모기만 한 목소리로 '괜찮아'라고 하던데."

철렁이는 말을 거의 안 했고, 너무 착한 친구였다.

철렁이는 누구 앞에 나서지도 않았다. 옆에 있어도 있는지 없는지, 왔어도 왔는지 안 왔는지 구분이 되지 않았다.

철렁이는 투명인간처럼 살았다.

철렁이라는 이름이 철렁이를 그렇게 만든 것인지 철렁이의 기본 성품이 그런 건지는 알 수 없었다. 갓난아기 때부터 너무 자주 놀라 경기를 일으키니 철렁이 할아버지가 이름을 철렁이라고 지은 것인지, 작명소에서 아이의 이름을 철렁이로 짓지 않으면 큰 화를 당해 오래 살지 못한다고 했는지도 모른다.

철렁이는 한 번도 변한 적이 없는 철렁이었는데, 사람들은 철렁이한테 '진짜 니가 맞냐?'고 계속해서 의심을 해왔다.

졸업 후 대학 동기들 중 누가 철렁이한테 돈 삼백만 원을 빌려갔다는 소리를 들었고, 철렁이가 돈 갚으라는 말을 할 수 없을 거란 걸 아니까 빌려서 안 갚고 있다는 소문도 들려왔다.

시간이 더 지나고 학창시절 유명했던 친구들마저 이제는 내 기억에서 희미해져 가는 이때 존재마저 희미했던 철렁이가 점점 뚜렷하게 기억나기 시작하는 건 왜일까?

할아버지와 주전자

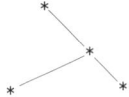

할아버지의 머리맡에는 생활필수품 두 가지가 있었다.

첫째는 고물 금성라디오였다.
틀 때마다 나는 지지지~직 잡음 소리
음악소리가 선명하게 커졌다가 지나가고
아나운서 말소리도 들렸다가 사라지고
라디오 뒤통수를 탁탁 두드리면 거짓말처럼 맑게 나오는 소리
할아버지의 하루는 TBS 라디오의 '아차부인 재치부인'으로 시작되었다.

할아버지가 건넌방에서 금성라디오로 세상과 소통했다면, 두

번째 할아버지의 내면에서 나오는 소리를 생각으로 바꾸어 주던 것은 누런 막걸리 주전자였다.

주전자 옆에는 오래되어 부푼 천자문 책으로 덮어놓은 작은 김치 종지 또 그 옆에는 먼지가 들어가지 말라고 엎어진 술잔과 엎어진 술잔 위에는 시든 김치를 집어야 했던 쇠젓가락 한 벌.

내 할아버지는 늘 머리맡에 막걸리 한 되를 두고는 아침저녁 할 거 없이 시시때때로 물 대신 목이 마르다는 생각이 날 때마다 한 잔씩 따라 드셨다.

아침에 일어나시면 목이 컬컬하다고 한 잔
아침 식사 전에는 입맛을 돋운다고 한 잔
식사가 끝나시면 물 대신 입가심으로 한 잔
잠시 뒤 금성 고물 라디오 틀면서 자동으로 손이 가서 한 잔
담배 피우기 전에 한 잔
점심이 되기 전에 출출하다고 한 잔
점심 식사 전에 또 입맛 돋운다고 한 잔
또 점심식사가 끝나면 물 대신 한 잔…

할아버지에게 막걸리 주전자는 밥과 반찬 그리고 식수를 넘어서는 생명수였던 게 분명했다.

어릴 때는 할아버지의 그런 행동에 대해 별 관심이 없었는데, 지금 생각해 보니 할아버지 때문에 할머니나 며느리들이 참 고생이 많았겠구나 하는 생각이 든다.

내가 막걸리 심부름을 왜 그리 자주 했는지, 우리 엄마가 할아버지 흉보는 것의 절반 이상이 저 주전자였던 이유가 이해가 된다.

누렇고 약간은 찌그러진 주전자는 일 년 내내 할아버지의 머리맡에 있었다. 할아버지를 생각하면 할아버지 얼굴이 떠올라야 하는데, 주전자가 머리에 먼저 떠오르니 방법을 바꿔 누런 주전자를 생각해야 할아버지 얼굴이 떠오를 판이다.

그런데 할아버지의 피가 내 몸에도 막걸리처럼 찰랑거리고 있었는지, 요새는 나도 머리맡에 저런 주전자 하나를 두고 싶어진다. 자다가 일어나 목마를 때 손을 뻗어 한 잔씩 마시고 누우면 더 깊은 꿈을 꿀 수 있을 것만 같아서…

창성이네 국수 공장

창성이 아버지는
우리 동네에서 국수 공장을 했다

창성이네 국수는
길가의 흙냄새를 맡으며 말라갔다

소문에 창성이 엄마는
창성이를 낳다가 죽었다고 했다

자궁에 머리가 걸려
창성이도 죽을 뻔했는데

창성이 엄마는 죽으면서도
창성이만큼은 살리기 위해

마지막까지 온 힘을 써
자궁 밖으로 핏덩이를 밀어내다가 죽었다고 했다

그 덕에 창성이는 간신히 목숨을 건졌지만
그 후유증 탓으로
자라면서 창성이는 정신지체 증세를 보였다

동네 아줌마들은
청년이 다 된 창성이가
허리춤에 찬 나무칼을 휘두르며
골목길에서 조무래기들과 몰려다니면

스무 살 창성이를 다섯 살 아이 떠보듯이 물었다
"창성아, 니 엄만 언제 오니?"
"울 엄마, 열다섯 밤 자면 온대…"

"누가 그래?"
"울 아부지가 그랬어."
"맛있는 거 많이 사 온다고 했어."

"창성이 엄마 어디 갔는데?"

창성이는 나무칼을 들어 하늘 끝을 가르켰다
"비행기 타고 미국에 돈 벌러 갔대."

동네 아줌마들은 쿡쿡 웃으며
"창성이는 좋겠네. 엄마가 미국에서 과자도 사 오고."

창성이에게 미국은
엄마가 있는 아름다운 나라였고
맛있는 과자가 있는 천국과 같은 나라였다.

매일 밤 잘 때마다 손가락을 꼽으며
열 밤을 다 세고 나면

창성이 아버지는
다시 열 손가락을 펴주고
열다섯 밤을 세라고 했다.

열 밤 이상을 셀 수 없던 창성이는
매일 밤 양쪽 손가락을
번갈아 들여다보며 잠들었다.

그런 창성이를 곁눈으로 쳐다보던
창성이 아버지는

매일 밤
늘어진 난닝구와
헐렁한 반바지 차림으로 밖에 나와

말라가는 국수 옆에 서서
긴 한숨과 함께 담배를 피우곤 했었다.

골목 끝 종합병원

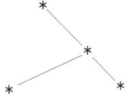

 태영이는 삼양동 막다른 골목길 끝 햇빛이 들지 않는 어두운 집에 살았다. 태영이 부모는 둘 다 시각장애인이었다. 태영이 아버지는 소문을 듣고 찾아오는 사람들에게 안마나 마사지를 해주며 생활비를 벌었다.
 외부에서 안마 일거리가 들어오면 가끔은 지팡이를 짚고 선글라스를 끼고 좁은 골목에서 나왔지만 거의 대부분은 집에 있었다.

 맹인 안마사인 태영이 아버지의 시각은 낮에는 희미한 빛 정도만 뿌옇게 보이고, 해가 지면 아무것도 안 보인다고 했다.
 밤에도 불을 켜봐야 보이지 않으니 손님이 찾아오지 않는 한 그냥 사람이 있다는 표시 정도로 하나만 남겨놓고 불을 끄고 있다고 했다.

태영이 아버지는 손으로 사람들 몸을 만지면서 사람들의 건강 상태를 정확히 파악했다. 시각이 사라지면서 촉각이 예민하게 살아난 태영이 아버지는 피부만 만져봐도 피부 속 뼈만 더듬어도 그 사람이 어떻게 생겼는지, 잘생겼는지 미인인지 안다고 했다.

사람의 체온은 다 비슷하지만, 태영이 아버지는 그 미세한 온도 변화로 그리고 핏줄이 뛰는 감각만으로도 그 사람의 건강 상태를 안다고 했고, 그 사람의 성격까지도 파악할 수 있다고도 했다. 그래서 태영이 아버지는 맹인이지만 옆에 침통을 두고 침도 놓는다고 했다.

몸살감기가 걸려도 병원에 가는 것보다 태영이 아버지한테 침을 맞으면 신기하게 몸이 더 빨리 낫는다고 우리 엄마가 말했다.

태영이 엄마도 시각장애인이었지만, 태영이 엄마는 안마사가 아니었다. 같은 맹인이라도 그런 감각은 다 같이 생기는 게 아닌가 보다.

불우한 환경에서 자란 태영이는 사춘기를 겪으며 어느 날 밖에서 이웃 동네 아이들과 큰 싸움을 했다. 장님 새끼라는 놀림을 받았기 때문이라고 했다.

태영이는 머리에 벽돌을 맞아 크게 다쳤다.

맹인인 부모는 피 흘리는 태영이에 대한 대처를 빨리할 수 없었고, 돌에 맞은 태영이는 상처가 아물면서 정신지체 증상을 보였다.

스무 살 성인이 된 태영이가 옷을 다 벗은 채, 작은 팬티 한 장만을 걸치고, 양손으로는 팬티 속 성기를 주무르면서, 골목 입구에 서서 길거리를 향해 침을 뱉으며 좌우를 둘러보며 시빗거리를 찾아 혼잣말로 욕을 중얼거리는 모습에 특히 동네 여자들은 기겁했다.

태영이를 이렇게 방치할 거냐고 동네 사람들이 몰려가 태영이 부모에게 따져봤자, 맹인인 태영이 부모는 태영이의 행동을 직접 본 것도 아니니 또 태영이가 옷을 입고 나가는지 벗고 나가는지 알 수도 없으니 태영이를 말릴 방법이 없다고 했다.

태영이를 불러서 타일러봤자 태영이는 맹인 부모에게 욕을 하면서 대들 정도로 정신이 나갔으니, 어서 날이 추워져 태영이가 스스로 옷을 입고 나갈 날을 기다릴 수밖에 없었다.

태영이 아버지는 비록 장님이지만 세상을 꿰뚫어 보는지 태영이 아버지를 만나서 치료받고 온 사람들은 태영이 아버지가 세상 이치를 모르는 게 없다고 했다.

태영이 집에는 세 가족 말고도 밥해주는 사람이 있었다.
태영이 작은엄마라고 불리는 여자였다. 그녀의 목에는 불에 덴 상처가 있었다.
사람들은 그녀를 '딘디'라고 불렀다. '불에 덴 사람'이란 표현을 경상도 표현으로 그렇게 불렀던 것 같다. 사람들은 그녀가 태영이의 진짜 엄마일지도 모른다고 했다.
태영이 작은엄마의 녹아 들러붙은 목덜미 살들은 턱까지 바짝 당겨져 있어 금방이라도 피부가 찢어질 듯 팽팽한 긴장감이 있었다.
밥하고 빨래 등 집안일은 태영이 작은엄마가 다 했다.
눈에 보이는 게 없으니 싸울 일도 없는지, 네 가족은 빛이 들지 않는 골목 안에서도 행복하게 살았다.

태영이네 집은 가난한 우리 동네의 허가받지 않은 병원 역할을 했다.
한의원이자 심리치료의 정신병원이자 침으로 감기를 낮게 하는 의원이었다. 하지만 정작 자신들의 아픔은 치료하지 못한 병원이었다.

그 동네를 떠나 이사 오고 한참 뒤에 옛 동네를 찾아가 태영이네 집을 살펴보았다. 골목은 어릴 때 보던 것보다 더 좁아 보였고 골목길엔 무성한 풀들이 자라나 있었다.
이 세상 모든 장애를 다 가진 태영이네 가족들은 어디로 갔을지…
이 봄날처럼 환하고 반듯하게 펴진 곳으로 갔으면 좋겠다는 생각해 본다.

III

넝마주의

친구의 결혼식 그리고 수진이 1

엄마가 우려하던 일이 생겼다.

여동생이 결혼했고, 남동생이 안산에 환경기사로 취직해 방 얻어 나가고, 집에는 나 혼자 남은 것이다.

남자가 혼자 사는 일은 쉽지 않았다. 처음 보름 동안은 밥도 해 먹고 빨래도 하고 성실히 해보려 했지만, 직장인 여의도에서 동기들과 술자리 회식이 끝나면 새벽 한두 시가 되었다.

두세 시간 자고 다시 여의도로 와야 하는데 아무도 없는 미아리 집까지 택시를 타고 퇴근해 와야 할 이유가 없었다.

밥을 먹다 말다 하니 살이 빠지고 몸도 약해지고 얼굴은 초췌해져 갔다. 선은 정기적으로 보고 있지만 결혼할 생각은 없었다.

결혼은 밥하고 빨래할 여자를 구하는 게 아니니까.

있는 인연도 끊고 싶은데 인연을 추가할 생각이 없었다.

그러던 중 친구가 결혼을 했다. 친구는 여덟 살이나 어린 여자와 결혼을 했다. 다들 능력 좋다, 도둑놈이다, 하고 말이 많았다. 나도 결혼식에 갔고 피로연장에 갔다.

친구들은 좋아서 난리가 났다.

신부 친구들 역시 죄다 스물두 살이었으니까. 신부 친구들은 우리를 보며 부담스러워 했다. 우리 친구 중에는 기혼자도 있었고, 어린 그녀들이 보기엔 다들 늙은 아저씨로 보일 법도 했으니까.

신부 친구 중에 눈에 띄는 아가씨가 하나 있었다.

우이동 계곡 피로연장에 소심하게 앉아 있던 내게 그녀는 다가와 한잔하라며 술을 따라주었다.

나는 사람이 많거나 시끄러운 자리에선 말을 잘 안 하는 편인데, 내가 너무 조용히 있으니 기분 좋게 놀라고 그런 것 같았다. 술잔을 받았으니 마시고 나도 그녀에게 한잔 따라주었다. 의식하지 않으려 했는데 그녀가 의식이 되기 시작했다.

잠시 곁눈으로 관상을 봤는데 밝아 보였다. 하지만 그건 겉모습이고 대부분 저런 경우 내면은 우울한 경우가 더 많다.

학교 다닐 때 나는 수행을 조금 했었다.

나 자신을 통해 남을 보았고 세상 이치를 파악했다. 또한 세상을 움직이는 건 리비도 즉 성 에너지라는 것을 깨달았고 이에 따라 욕망을 극복하려 노력했었다.

이 세상에 자신의 운명을 바꿀 수 있는 사람은 극히 드물다. 그건 욕망이 시키는 대로 그대로 따라가기 때문이다.

나는 내 개똥철학으로 그녀를 파악했고, 스물두 살인 그녀가 세상을 깊고 복잡하게 살진 않았을테니까. 그런 성격 파악은 간단히 진단할 수 있었다.

피로연 술자리가 끝나자 친구는 신혼여행을 떠났고, 우리는 나이트클럽에 가게 되었다. 그녀가 마침 내 앞에 앉았다. 아주 시끄러웠지만 서로 통성명을 제대로 하게 되었다. 신랑 신부 친구들은 모두 춤추는 무대로 나갔다. 수진이는 나보고 왜 안 노시냐고, 춤을 안 추냐고 물었다. 난 웃으며 춤 못 춘다고 손을 옆으로 저었다가 내 신경 쓰지 말고 너나 나가서 재밌게 놀라고 손을 앞뒤로 저어 주었다.

나 혼자 맥주를 마시며 약간 생각에 잠겨 있는데 그녀가 테이블에 와서 앉았다. 내가 심심하고 우울해 보이는데 무슨 고민이 있냐고 물었다.

나이도 어린 꼬맹이 여자가 위로를 해준다.

그런 거 없으니 신경 안 써도 된다고 하며 여러 가지 말을 주고받다가 그녀가 불쑥 이번 주 토요일에 뭐하냐고 했다.

자기는 산에 가고 싶은데 시골에서 올라온 촌년이라 길도 모르고 하니 같이 가자고 했다. 나 역시 산에는 별로 가본 적이 없었는데 주말에 할 일도 없으니 그럼 가자고 하고, 토요일 도봉산역에서 만나기로 했다.

춤도 안 추고 테이블에 둘이만 있자 친구들이 돌아와서

"무슨 얘길 그렇게 다정히 하냐?"

"벌써 둘이 사귀는 거냐?"고 농담을 해댔다.

나는 등산 장비가 아무것도 없었다.

토요일 열 시에 만나 그녀와 무작정 산에 올라갔다. 그러나 그때는 미처 몰랐다. 남녀가 산에 같이 가면 안 된다는 걸 그때는 정말 몰랐다. 아니 친해지려면 산에 가야 한다는 걸 그때 알게 됐다.

수진이는 조금만 미끄러우면 내 팔을 붙들었고 손을 뻗어왔다. 손을 잡았다 놓았다를 너무 계속 자주 되니 어느덧 계속 잡고 다니게 되었다.

'어~라 얘가 이렇게 자연스럽게 스킨십을 시도하는구나.'

깜찍한 기집애가 더 귀여운 면이 있었구나 하는 생각을 잠시 했다.

난 세상 이치를 알았다고 생각했지만 그건 큰 틀에서 그런거고 남녀관계의 심리나 자잘한 이런 스킨십 스킬은 무지하였다. 하지만 어느덧 손잡고 하산하고 있는 나를 보며 어린 수진이보다도 내가 못하다는 생각과 여자들은 어려도 죄다 이런 방면엔 여우들이구나 하는 생각을 했다.

하산 후, 경양식집에 가서 돈가스를 안주 삼아 맥주를 마셨다.

수진이는 자기는 술을 못 마시는데 오늘은 그냥 한잔 마시고 싶다며 갑자기 연거푸 맥주잔을 비우기 시작했다. 그만 마시라고 말렸다. 아까 산에서부터 시작해서 낌새가 좀 이상했기 때문에…

기어이 사고가 터졌다.

술에 취해 집을 못 찾아갈 것 같다는 것이다. 그럴 것 같아서 말렸는데…

택시를 태워주겠다고 해도 집에 가기 싫다고 했다.

왜 집에 안 가려 하냐니까, 언니와 형부 집에 얹혀사니까 지금 들어가면 자는 형부가 깰 테니 형부한테 미안하다는 것이다.

집에 가기 싫다고 버티니 도리가 없었다.

할 수 없이 혼자 사는 내 집으로 가자고 했다. 자기 집에도 안 가겠다는 애가 우리 집에도 안 가겠다고 한다.

"그럼 어쩌라고?"

혼자 사니까 걱정 말고 가자고 했다.

집은 지가 안가겠다고 했는데, 모양새는 내가 우리 집에서 자고 가자고 꼬드기는 형국이었다.

집에 데리고 가면서 마음이 혼란해졌다.

'이제 어떡하나?'

애 친구들은 나이들도 어린데 다 이런 식으로 결혼하나 보다.

친구들이 다들 지방에서 서울로 올라와 언니나 친척 집에 얹혀 살면서 하루빨리 독립할 생각만 하는구나 하는 생각이 들었다.

나는 결혼하기 전에는 섹스를 하지 않는다는 원칙을 세우고 있었다.

그건 나 자신과의 약속이기도 했고, 긴 얘기지만 내 수행의 과정이고 욕망을 극복하는 과정에서 깨달음의 샛노란 꽃비를 경험한 적이 있기에… 남들이 좀 이해하기는 어려울 수도 있겠지만 그건 내 운명을 내가 통제하기 위한 수단이었다.

수진이와 집에 와서 저녁은 다 먹었겠다.
술도 마셨겠다. 그렇다면 이제 할 일은 잘 일 뿐이었다.
"자야지? 수진아" 하며 이불을 깔려하는데, 수진이는 웅크리며, 자기를 건드리면 안 된다고 구석으로 가서 앉았다.
"걱정하지 말고 이리 와서 자. 이불에서 자고 등산복 벗고 편히 자."
"난 마루에서 잘 테니까." 하며 옷을 대충 벗고 마루에 깐 이불 속으로 들어갔다.
수진이는 잠을 안 자고 계속 웅크리고 있었다.
"너 뭐하니, 안자고?"
어디 아픈가 하고 내가 상태를 보려 다가가려 하자
"제발 가까이 오지 말라."고 한다.
"그래그래 알았다."
"방문 닫아 줄게 잘자!" 하며 나는 잠이 들었다.

내가 빨리 자야 수진이도 안심하고 잘 것 같아서…

아침이 되어 눈을 떴다.
기지개를 켜고 라면이라도 끓이려고 일어나서 수진이가 자는 방문을 열었다.
"아직 자니?"
방문을 열었는데 수진이는 잠을 잔 흔적이 없이 그대로 옷을 입은 채로 눈을 뜬 채 벽에 기대 있었다.
"앗, 깜짝이야. 너 뭐야?"
"너 안 잔 거야? 밤을 샌 거야?"
"왜 그랬어? 내가 혹시 덮칠까 봐?"
"그럴 일 없을 거야, 걱정마."
"라면 먹고 가자 집에 데려다 줄게." 하며 라면을 끓이러 가는데
갑자기 수진이가
"해기 씨, 저 한 번만 안아주면 안 돼요?"
순간 머리가 복잡해졌다.
어제 내가 그냥 잔 게 자존심이 상했던 모양이었다.
어제 산에서의 스킨십도 집에 안 가겠다는 것도 못 먹는 술을

마셨던 것도… 그 정도 상황을 만들어 두면 내가 집요하게 자기를 안을 거라고 생각했던 모양이다.

가볍게 수진이를 안아주었더니, 수진이는 자기는 처녀고 자기는 잠을 자면 그 남자와 결혼을 해야 한다고 했다.

"그래 좋은 생각이네."

"속이 쓰리니 어서 라면 먹고 집에 가자. 데려다줄게."

난 부엌으로 가서 라면 죽을 끓였다.

이후 수진이 직장이 있는 종로에서 일주일에 두 번 정도씩 만났다.

수진이가 단골인 레스토랑이 있었는데 난생처음 거기서 수진이가 사주는 함박스테이크라는 것도 먹었다.

얼마 뒤 수진이가 월미도로 놀러가자고 했다.

"월미도가 어디 있는 거야?" 하니 인천에 있다고 했다.

이리하여 수진이와 다시 월미도를 가게 되었다.

월미도에서 나는 다시 수진이가 쳐놓은 무슨 2차 시험 같은 테스트를 또 경험하게 되었다.

친구의 결혼식 그리고 수진이 2

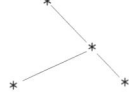

 월미도란 곳에 가기로 했고 남영역에서 만나 전철을 타고 인천으로 갔다. 지하철에 자리가 생겼다. 자리에 나란히 앉자마자 수진이는 머리를 기대며 좀 자도 되냐고 했다. 그러라고는 했지만 움직일 수 없으니 몸이 불편해졌다. 나도 같이 기대서 좀 잤다.
 한참을 가서 인천에 도착했다.
 월미도에는 놀이시설이 있었다.
 수진이와 조금 걸으니 바다가 나왔고, 우리는 여기저기를 걸어다녔다. 처음으로 여자와 이런 곳에 놀러 오니 어색했지만, 우리도 다른 연인들과 다름없이 잘 어울리는 커플 같아 보였다.
 '우리 둘은 무슨 사이일까?' 하는 생각을 잠시 해보았다.
 저녁이 되어 바다가 바로 옆에 보이는 방파제 옆 횟집에 앉았다.
 곧 불꽃놀이가 시작되었고, 나는 청하를 시키고 모듬회를 시켰다. 축제 분위기가 물씬 났다. 내 인생에 이런 날도 있구나 하는 생각이 들었다.

이게 말로만 듣던 행복이란 걸까?

얘가 이런 걸 알고 월미도에 오자고 한 걸까?

분위기가 상승하자 앞에 앉은 수진이도 예뻐 보이고 소중해 보였다.

수진이는 자신이 살아온 날들에 대해 이야기했고, 내게 궁금한 게 많았는지 이것저것 물어보았다.

수진이가 나를 보는 눈빛은 진지한 것 같기도 했고, 무슨 생각을 하는지 깊은 눈빛처럼 보이기도 했다.

수진이가 또 술잔을 잡았다.

"아니 술 못 마신다며?"

"못 마셔도 오늘 한잔하고 싶어서요."

"바다도 있고, 해기 씨도 있으니까."

저번처럼 또 집에 안 간다고 하면 어쩌려고 저러나 싶어 말리고 싶었지만, 말린다고 들을 여자가 아니란 걸 알고 있었다.

수진이와 술을 마시며 대화하다 보니 시간이 많이 지났다.

지하철을 타고 이제 집에 가야 하는데, 또 수진이가 미적거린다. 바다가 더 보고 싶으니, 여기서 밤새 바다를 보자고 한다.

내가 군 생활을 바다에서 해봐서 잘 아는데 바닷바람이 추워서 안 되고, 지금 안 가면 지하철 끊어지니 빨리 가야 한다고 재촉했다. 수진이는 갈려면 해기 씨 혼자 가라고 하며 버텼다. 좋았던 기분이 가라앉았다.

술을 더 마셨고 난 말수가 급격히 줄어들었다.

오늘 잘못하면 사고 치고 결혼해야 할 상황에 직면할지도 모른다는 생각이 들었다. 왠지 느낌이 그럴 것 같아서 소주를 안 시키고, 청하 마시길 잘했다는 생각이 들었다.

새벽 한 시가 넘어가자 유월 말인데도 역시나 바닷바람이 차가워졌다.

저녁 바닷가에 사람도 많이 없어졌다. 지하철은 기어이 끊어졌고 나는 수진이를 데리고 잘 곳을 찾아야 했다.

수진이는 계속 춥다고 춥다고 하면서도 바다를 더 보자고 했다.

또 내가 여관으로 보채서 끌고 가는 모양새가 만들어졌다.

여관은 집과 달리 방이 하나밖에 없다.

내가 마루로 나가서 잘 데도 없다. 꼼짝없이 같이 자야 하는데 수진이가 우리 집에서와는 달리 내 옆에 누웠다. 그러고는 부탁이 있는데 자기 몸에 절대 손대지 말아 달라고 했다.

그래서 나는 누구 몸에 손대는 것도 싫어하고 누가 내 몸에 손대는 것도 싫어하니까 걱정 말고 자라고 했다. 그래서 수진이는 옷을 입은 채로, 나는 옷을 입고는 잠을 못 자니까 속옷만 입은 채로 잠을 자려고 누웠다. 외간 여자가 옆에 붙어 있으니 조금 긴장은 되었지만 피곤했기에 나는 곧 잠이 들었다.

얼마나 잤을까?

잠든 지 얼마 되지 않아 잠에서 깼다. 시계를 보니 새벽 4시였다. 이럴 리가 없는데, 내가 이 시간에 깰 리가 없는데…

옆에서 인기척이 났다.

수진이는 안 자고 있었다. 내가 코를 골며 정신없이 자니까 발로 툭툭 차서 날 깨운 게 분명했다.

자다 깬 잠긴 목소리로

"넌 오늘도 안 자니? 걱정 안 해도 되잖아!"

"저번에도 그냥 잤듯이 마음 편히 자도 돼."

"난 어릴 때부터 엄마 누나 여동생이 하도 집에서 벌거벗고 다녀서 여자에 대한 신비감도 없으니까."

"그러니까 걱정 말고 자." 하고 등을 돌리고 자던 잠을 계속 잤다.

아침에 잠에서 깨어보니 수진이는 방 윗목에서 팔로 무릎을 깍지 끼고 앉아 있었다.

"해기 씨는 어쩜 낯선 데서 그렇게 잠을 잘 자요?"

"잠이 그렇게나 와요?"

그냥 두라고 해도 수진이는 정성껏 이불을 갰다.

여자다운 모습도 있었다. 간단히 아침식사를 하고 인천에서 다시 수진이가 사는 남영동으로 왔다.

집에 바래다주려는데 수진이가 또 집에 들어가기 싫다고 했다.

일요일이라 나도 집에 가서 다음날 출근을 위해 할 일이 많았는데, 수진이가 집에 가기 싫다고 하니 마음이 답답해지고 짜증이 났다.

내가 수진이를 이성적으로 좋아하지 않는다는 생각도 들었다.

표시를 낼 수도 없고 하는 수 없이 커피숍 겸 레스토랑인 '겨울 나그네'란 간판이 걸린 레스토랑에 갔다. 그리고 저녁 열 시가 되어 나는 집으로 돌아왔다.

오는 길에 수진이를 그만 만나야겠다는 생각을 했다.

어린 여자가 싫은 건 아니지만 내가 꿈꾸는 이상과는 거리가 있었다.

일주일 후 레스토랑 '겨울 나그네'에서 수진이를 다시 만났다.

웬일로 수진이는 치마를 입고 나왔다. 수진이가 치마 입은 모습을 처음 봤다. 수진이는 오늘따라 앞 테이블에 앉지 않고 내 옆에 와서 앉았다.

내 어깨에 머리를 살며시 기대더니 그간 나를 보아왔는데 자기의 순결을 지켜줘서 고맙다고 했다.

나한테 뭘 감동했는지 모르지만 나를 믿게 되었다고 했고 그래서 특별히 오늘은 해기 씨가 하고 싶은 대로 하라고 했다. 그러고 보니 짧은 치마에 스타킹도 안 신은 맨살이었다. 수진이가 오늘 상당히 진도를 내려는지 마음의 준비를 단단히 하고 나온 듯했다.

내가 아무 말도 안 하자 못 알아들은 줄 알고 다시 얘기를 했다.

기회는 오늘뿐이고, 오늘은 해기 씨가 하고 싶은 대로 하라고 했다. 호텔이든 여관이든 어디든지 다 가도 된다고 했다.

"난 하고 싶은 게 없는데…"

그리고 나는 결혼 전에는 여자와 관계를 갖지 않을 거라고 했다.

갑자기 수진이는 정색을 했다.

그럼 자기를 왜 만나냐고 했다. 서로 사귀고 알아가는 과정이 아니냐고 했더니 남자가 좀 솔직해지라고 시비를 걸기 시작했다. 그래서 난 결혼은 당분간 안 하고 싶다고 했다. 너뿐만 아니라 그 누구하고도.

그럼 자기는 뭐냐고 했다.

외간 남자와 잠을, 그것도 두 번씩이나 자고 앞으로 시집 어떻게 가라는 거냐고 했다.

"진짜 잠만 잤지, 관계는 없었지 않냐."라고 했더니 곧 물컵을 내 얼굴에 쏟아부을 표정이 되었다. 니가 먼저 만나자고 했지 내가 만나자고 했냐는 소리는 차마 할 수가 없었다.

둘 사이에 침묵이 흘렀다.

스물두 살 여자는 결혼을 서두르고, 서른 살 노총각은 결혼을 미루고 있는 분위기가 초여름 날씨와 묘한 조화를 이루고 있었다.

겨울에 나그네가 될 줄 알았는데, 여름도 되기 전에 나는 다시 외로운 나그네가 되어 있었다.

둘은 레스토랑을 나왔다.

집에 바래다주겠다는데 혼자 가겠다며 수진이는 사람들 속으로 사라져 갔다.

2년 뒤, 수진이는 나보다 훨씬 좋은 돈 많은 남자를 만나 결혼했다는 소문을 친구를 통해 듣게 되었다.

넝마주이

아파트 쓰레기 분리수거로 빈 병을 모아서 내다 놓으니, 미아국민학교 4학년 11반 15번 김경기 담임 선생님 때가 생각난다.

어느 날 갑자기 담임선생님께서 매주 1인당 빈 병 2개씩을 가져오라고 했다. 칠판에 현황판을 만들고 가장 많이 가져온 아이와 가장 적게 가져온 아이를 구분해 놓았다.
"빈 병만 받느냐?" 묻자, 그렇지 않다고 했다.
빈 병이 없으면 신문지나 헌책을 가져와도 된다고 했다. 선생님의 말투가 가위와 맞배기 엿만 안 들었지 우리 산동네를 찾아오던 엿장수를 닮아 있었다.
폐지는 무게를 달아 1킬로에 빈 병 하나씩을 쳐준다고 했다.

학교 쓰레기 소각장 옆에는 아이들이 가져온 빈 병들이 수북이 쌓였고, 종이 더미가 작은 언덕을 이루었다.

각 학년 주임 선생님들이 제각각 크기인 빈 병들을 일렬로 세워 놓고 병을 세고 있고, 그 옆에서는 아주 흡족한 표정으로 교감 선생님이 뒷짐을 지고 있었다.

이런 광경을 교장 선생님도 교장실 창문 커튼 사이로 파이프 담배를 물고 미소를 지으며 바라보고 있었다.

폐지와 빈 병 수거 실적으로 교사들 평가를 시작하니, 우리 담임선생님은 점점 고물장수로 변해갔다. 아니 동네에 찾아오는 엿장수보다 더 집요해져갔다.

빈 병이나 폐지를 가져오지 못하면 손바닥을 때리고 그 벌로 방과 후 교실 청소나 화장실 청소를 시켰다. 빈 병을 구해오지 못하면 벌을 받아야 하니 학교가 끝나면 나는 숙제도 팽개치고 빈 병을 주우러 다녔다.

자연히 기웃기웃 남의 집 쓰레기통을 뒤지게 되고, 뭔가 덮어 놓은 것을 들추게 되었다. 땟국물이 묻은 얼굴로 온 동네 쓰레기통을 다 뒤지고 다니니 사람들은 나를 소년 넝마주이거나 고아

일 거라고 생각했을지도 모르겠다.

  아파트 쓰레기 분리 수거장에 이렇게 많은 빈 병이 그때도 있었더라면…
  타임캡슐에 태워 그 당시로 빈 병들을 보내주고 싶다.
  학교 육성회 기금에 얼마나 도움이 될진 모르겠지만…
  그러면 나도 소년 넝마주이가 아닌 이 시대의 새싹들로 자라날 수 있었을 텐데…

철학과 그 사람

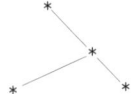

　학교생활 4년 내내 아니 군대 다녀온 시간까지 더하면 8년도 넘게 같은 옷을 입고 다녔던 어떤 사람이 있었다.
　그의 옷은 늘 두꺼운 겨울 코트였다.
　한 번도 빨지 않았으니 그 옷이 원래 검은색인지 다른 색에 때가 묻어 검게 변한 건지는 알 수 없었다.
　1월 한겨울이나 8월 찜통 삼복더위나 그 사람의 옷과 머리 스타일은 항상 똑같았다. 처진 가방을 메고 감지 않아 헝클어진 긴 머리, 씻지 않아 검어진 얼굴
　"저 사람은 도대체 정체가 뭐야?"
　"학생이야? 뭐야?"라고 물어보니 지영이는
　"오빠 몰랐어? 저 사람 철학과 학생이잖아."

"철학과?"

대체 몇 학년이냐고 물어보니, 학년은 잘 모르지만, 지금 10년 넘게 학교에 다닌다는 말도 있다고 했다.

"뭐? 10년도 넘게?"

"어떻게 그럴 수가 있지?"

"반복적으로 휴학도 하고 그랬다나 봐."

"휴학해도 학교에는 계속 저렇게 나왔데."

"해기 오빠도 나중에 혹시 저렇게 되는 거 아냐?"

"…"

유심히 지켜보니 그는 일 년 내내, 아니 내가 복학 후 졸업할 때까지 같은 복장으로 같은 시간에 학교에 오고 있었다.

겨울이면 방학도 길고 학생들이 학교에 가지 않으니 그나마 그는 눈에 잘 띄지 않았지만, 한여름이 되면 그의 존재는 누가 말해주지 않아도 흰 눈밭에 검은 까마귀가 앉은 것처럼 표시가 났다.

더위를 못 이긴 학생들이 손부채를 부치고 작은 선풍기를 얼굴에 갖다 대고 손수건으로 이마의 땀을 닦을 때, 그는 한겨울 검은 외투와 목도리를 걸치고 학교에 나타나곤 했다.

그는 남의 눈 따위는 신경 쓰지 않았다.

두꺼운 외투 속으로는 무더위가 못 들어오니 오히려 그 검은 옷 속은 동굴처럼 서늘하고 시원하다는 듯 땀도 별로 흘리지 않고 가파른 계단을 오르내렸다. 그의 신발은 종아리까지 올라오는 끈이 풀어진 목이 긴 검은 군화였다.

군대 갔다 온 남자들은 보통 외모에 신경을 잘 쓰지 않는다.

머리도 감지 않고 세수도 하지 않고, 슬리퍼에 츄리닝 바지와 국방색 런닝 하나만 걸치고, 도서관에 처박혀 고시 공부하는 법학과 고시생들도 그렇다.

나 역시도 단체로 맞춘 학과 티셔츠를 담뱃불 불구멍이 나서 버릴 때까지 일 년 내내 입고 다니고 있었으니 복장 가지고 누구를 탓할 처지는 결코 아니었지만, 그는 일반 예비역들과는 복장 자체가 완전히 달랐다.

어떤 고집스런 가치관과 심지 굳은 변함없는 정신세계를 행동과 실천으로 보여 주고 있는 듯싶었다.

그는 학교에서 누구에게 말 한마디 하지 않고서도 유명 인물이 되어갔다.

학생회장 얼굴은 몰라도 '철학과 그 사람'이라고 하면 다 알아

들었다.

쌀쌀맞기 그지없는 등록금 수납처 경리 여직원을 학생들이 다 알고 있듯이, 재학시절 미스코리아에 당선된 무역학과 3학년 여학생을 학생들이 다 알듯이, 그는 우리 학교에서 학생들이 모두 다 아는 몇 안 되는 유명한 인물이었다.

내가 졸업 후 직장에 입사해서 양복을 입고 학교에 잠깐 들렀는데, 그는 여전히 같은 모습으로 학교에 다니고 있었다.

실속 없이 속은 맨날 이 모양 이 꼴이면서 계속 허물 벗듯 옷껍질이나 카드로 긁어 바꿔 입고 다니는 내 모습 속에서, 겉모습보다 진짜 속마음을 더 중요시하는 듯한 그를 비춰보니 뭔가 모를 반성도 되었다.

내게도 어느새 그의 철학이 물들었는지, 좀 더 가치 있는 일을 찾아보고 싶다는 생각이 들기 시작했다.

일기

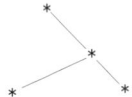

고등학교 2학년 때 일기를 쓰기 시작했다.

남모르는 비밀을 써야 하는 부담감이 있었지만, 자물쇠가 있는 일기장을 보고는 안심하고는 일기를 쓰기로 결심했다. 일기는 매일매일 써야 하지만 매일매일 써지지는 않았다. 며칠씩 또는 몇 달씩 건너뛰기도 했다.

일기장은 우울하고 마음이 아플 때면 내가 가서 위로받는 공간으로 바뀌어 있었다. 어떨 때는 하루 종일 백지 속에서 놀았다. 실현 불가능한 상상도 했다. 일기장 안에서 나는 현실과의 차이에서 오는 불편을 위로받았다.

일기장 안에서는 내가 하고 싶은 것을 마음대로 해보아도 아무도 혼내고 벌주는 사람이 없었다. 일기장 안에서 나는 떳떳하게 노란띠를 메고 정식 태권도 도장에도 다녔다.

짝사랑하던 아이가 내게 먼저 고백하는 상상도 할 수 있었다.

백지 속에서의 나는 누구보다 부유했고 포시랍게 자랐다.

맛난 것들도 마음껏 먹었다.

이런 놀이 방식으로 인해 나는 지금도 음식을 보면 그 음식을 먹어보지 않아도 음식 맛을 상상해낼 수 있다.

일기 쓰기의 즐거움은 고등학교 내내 계속되었다.

어느 날 하교 후 집에 오니 일기장의 위치가 달라져 있었다.

누가 자물쇠를 강제로 연 흔적이 보였다.

독서를 좋아하는 여동생이 읽을거리를 찾아 집안 샅샅이 책꽂이를 뒤지다가 내 일기장을 발견하고 몰래 훔쳐본 것이다.

소중한 나만의 비밀공간에 외부 침입자의 흔적이 발견되자 난 몹시 당황했다. 얼굴이 화끈거리고 마음이 진정되지 않았다. 어떻게 할까를 한참 고민했다.

"솔직히 말해. 너 내 일기장 봤지?" 하고 물었더니, 여동생이 마른침을 삼키며

"진짜로 안 봤다."고 했다.

대화 내용을 보더라도 벌써 느낌상으로 봤다는 생각이 들었다.

사생활을 넘어 공상의 세계를 들켜버린 나는 적잖은 충격을 받았다. 일기장을 밖으로 가져 나와 기와지붕 위로 던져버렸다.

몇 달이 지나고 난 뒤, 학교에서 집으로 돌아왔는데 마당에 낡디낡은 공책이 떨어져 있었다.

"뭐지?" 하고 보니 지붕 위로 던져버린 내 일기장이었다.

지붕 위에서 비바람을 맞으며 젖었다 마르기를 반복하다가 바람이 세게 불자 마당으로 떨어져 내린 것이다.

누가 이걸 주워 보기라도 했다면…

온몸의 세포들이 곤두서는 느낌이었다. 일기장 속 글자들은 번져있었고 책갈피는 들러붙어 있었지만, 누가 마음먹고 보려고 하기만 한다면 볼만한 내용들이 있었다.

나는 성냥을 가지고 나와 일기장을 양은 세숫대야에 넣고 불태웠다.

재가 되어도 글자가 남아 있는 곳이 있었다.

신발로 밟아 재를 부수고 글자의 흔적을 모조리 지웠다.

가루가 된 재에 물을 부었고 그 물을 하수도에 쏟아 버렸다.

그날 이후, 나는 어디에도 내 진짜 생각은 절대로 쓰지 않았다.

하지만 아무리 시간이 지나도, 버리고 불태웠어도 그 일기장의 글자들은 사라지지 않았다.

날이 흐리거나 하면, 일기장 안의 글자들이 스멀스멀 기어다니며 주인인 나를 다시 찾아온다.

그때 하수도로 쓸려나간
재 속의 글자들이
수증기가 되어 하늘 높이 올라가
눈비로 내려오기도 한다.

비 오는 날 가끔 비를 맞으면
다시 내가 그 일기장 속에서
계속해서 일기를 쓰고 있는 듯한 착각이 든다.

옛날 다방

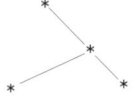

카운터엔 마담이 홀엔 레지가 껌을 씹으며 돌아다니고 있다.
"김 양아~ 손님 오신다."
"아유~ 박 싸장님, 엇써 옷세요."
마담과 레지는 동시에 달려나가 좌우로 박 사장 팔짱을 끼며, 전쟁터에 갔다가 살아 돌아온 친정 오빠보다도 더 살갑게 대한다.

마담은 금은방 박 사장 앞에 김 양은 박 사장 옆에 허리를 세우며 바짝 붙어 앉는다.
"코오피 드릴까요?"
"어. 험험, 징허니 한 잔 타와 봐."
"아잉잉 오빠아~ 나느은?"

무스탕을 입고 뒤로 한껏 상체를 제낀 채 거드름을 피우는 박 사장이

(가냘픈 레지 허리를 한번 쓰다듬으며)

"에랏, 기분이다. 김 양아~ 너도 한 잔 마셔랏!"

마담이

"어머머~ 어머머~"

"박 싸장니임~ 사람 차별하지 마쎄요옹."

"나는요오? 박 싸장니임~"

옛날 다방에 가면 흔히 보던 풍경들이다.

커피 한 잔을 시켜놓고 누구를 기다리는지, 약속을 하기는 한 건지. 성냥 반 통을 부러뜨리고 있는 더벅머리 총각도 있고, 이리로 전화번호를 알려줬으니 최 사장을 찾는 전화가 오면 바꿔달라며 수시로 카운터로 찾아와 전화 온 거 없었냐고 물어보던 옛날 다방.

전화 온 게 없다 하면 최병철이나 노가다 최 반장 찾는 사람도 없었냐며 초조하게 되묻던 옛날 다방.

홍 사장, 정 회장, 강 사장 하나같이 사장님 아니면 회장님들만 모여들던 늙은 다방.

18세 어린 장미가 일하다 왔다던 다방.

오지 않는 그녀를 기다리며 성냥으로 첨성대를 쌓던 옛날 다방.

마담 눈치를 보며 4시간 동안 줄기차게 엽차만 시키던 옛날 다방…

옥진이의 새엄마

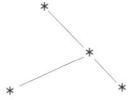

열일곱 살 옥진이는 가출을 했다

옥진이 아버지는
밤하늘을 바라보며 담배만 피워댔다

옥진이 친엄마는
옥진이를 낳고는 죽었다는 소문이 있고
다섯 살 옥진이를 버리고
도망갔다는 소문도 돌았다

재혼할 때
옥진이가 걸림돌이 되었지만

옥진이 아버지는 새장가를 들었다

옥진이의 새엄마는 체격이 커서
남자 같았다
성격도 여자다움이라곤 없었다

옥진이가 열 살 때
새엄마는 두 명의 딸을 낳았다

옥진이에게 사춘기가 빨리 찾아왔다

새엄마의 부지깽이 던지는 소리와
마당에 양은 대야 나뒹구는 소리가
세 들어 사는 우리를 늘 불안하게 했다

그런 날이면 옥진이 새엄마가
우리 집에 찾아와 우리 엄마에게
신세 한탄을 하고 갔다

의붓자식인

옥진이 욕을 하고 갔다

새엄마를 피해 가출한 옥진이가

갈 곳이 없었는지

집 주위를 배회했다

옥진이 아버지는 옥진이를 집으로

불러들이고 싶었지만

새엄마는 이번 기회에

눈엣가시 같은 옥진이를 아예 쫓아낼 마음을 먹었다

오래전에 살다 온 옛 동네에 가보니

집에 들어오지 못한

옥진이 그림자가

아직도

전봇대 뒤에 숨어 있는 듯 어른거린다

은하수의 꿈

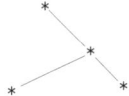

전공교수의 과목인 관광자원론 수업에서 과제가 주어졌다.

[전국 권역별 관광자원조사 및 개발 계획]

40여 명 학생이 서로 각자 의논하여 3~4명씩 11개 조를 짰는데, 나는 지영이 그리고 다른 여학생을 끌어들여 이렇게 셋이 한 조를 짜게 되었다.

교수는 여학생끼리도 아니고 남학생끼리도 아니고 이렇게 혼성으로 짜여진 우리 조를 유심히 바라보았다. 그도 그럴 것이 이 조사에는 숙박이 필요했기 때문이었다.

우리가 받은 과제는 경북지역 관광자원 답사 및 조사였다.

개발계획은 조사가 끝난 후에 연구해 보기로 하였다. 이리하여 우리는 1박 2일간 경주를 중심으로 스푼형 관광코스를 답사하기로 하였다.

질투하는 학생들이 많았다.

"지영이와 사전 신혼여행 가는 거냐?"

함께 가는 다른 여학생은 빠져야 하는 거 아니냐고 놀리기도 했다.

셋이 가는 우리의 관광자원 조사팀은 이렇게 많은 말들을 만들어 내었다.

꽃다운 스물두 살 여대생 두 명과 함께 가는 사실상의 봄나들이 여행인 셈이고, 함께 가는 혜정이도 졸업 후 대형 호텔 프런트에 근무했을 정도로 예쁜 아이였기 때문이었다.

우리 셋은 사전 계획 수립을 위해 여러 차례 머리를 맞대어 고민했고, 관광학도답게 구체적 일정표를 짰다.

기차를 타고 버스도 타며 관광지를 부지런히 돌아다녔다.

크루즈 배도 타고, 시골버스도 타고, 사전답사 계획대로 움직였다. 관광지를 다니며 사진을 찍고 기록하고 대화를 나누며 다니니까 셋이 정이 쌓여갔다.

노곤한 하루 일정을 마치고 밤이 되었다.

비용 관계상 방은 민박 한 개만 잡았다.

민박을 잡아두고 민박집 뒷마당에서 셋이서 밥을 해 먹었다.

셋이 가는 여행이지만 혜정이가 우리 둘의 관계를 잘 알고 있어 좀 어색하긴 했지만, 여학생 둘이 서로 의지하며 다니기는 더 좋았나 보다.

숙소에서 밥을 해 먹는데 여자 둘이 있으니 일사불란했다.

쌀을 씻고, 밥을 안치고 찌개를 끓이고 깨끗하게 상추를 다듬어 왔다. 난 숯불을 피워 삼겹살을 구웠다. 소주와 맥주를 곁들인 꿀맛 같은 저녁 식사가 끝나갈 무렵부터 슬슬 배도 부르니까 담소를 나누게 되었다.

시골의 밤하늘에는 유난히 별이 많았다.

민박집 지붕을 가로지르며 실개천처럼 은하수가 흘렀다.

나는 별에 대한 이야기를 시작했다.

태양계와 은하계 우주의 탄생부터 죽음까지 인생과 연관 지어 얘기를 풀어나갔다.

두 명의 어린 아가씨는 턱을 괴고 열심히 들어주기도 했고, 질문을 하기도 했고, 자신의 꿈과 희망에 대해 얘기하기도 했다.

지영이는 공무원을 꿈꾸고 있었고, 혜정이는 시골에서 올라와 자취를 하고 있고, 스튜어디스 시험을 준비하고 있다고 했다. 그 말을 듣고 보니 혜정이에게 유니폼이 잘 어울릴 거란 생각이 들었다.

새벽 두 시가 넘어가게 되어 먹은 음식 그릇을 치우고 우리는 잠자리에 들었다.

여자 둘은 아랫목에서 난 윗목에서 벽을 보고 잠을 청했다.

잘들 자고 내일 보자고 했지만, 난 부스럭거리며 화장실에 두 번이나 다녀왔다.

불이 꺼졌지만, 어색한 시간이 흘러갔다.

작은 숨소리와 침 넘어가는 소리도 크게 들려왔다.

지영이와 나 사이에 혜정이가 아까 먹은 삼겹살 비계처럼 끼어 있었다.

나는 어느새 잠들었는지 새벽닭 우는 소리에 잠이 깼다.

깨보니 여자 둘이 없었다.

나보다 먼저 일어나서 산책을 갔다 와서 아침밥을 짓고 있었다.

어린 여학생 둘은 잠을 자지 못한 것 같았다.

세수하고 아침을 먹고 다시 일정대로 움직였다.

여러 곳 답사를 마치고, 경주에 있는 모 대학 선배를 찾아갔다.

늦은 점심을 학교식당에서 얻어먹었는데, 남자 선배는 나와 얘기하려 하기보다는 지영이와 혜정이와 주로 얘기하려 했다. 친절하게도 선배는 여러 다른 관광지를 안내해 주고 기차역까지 우리를 바래다주었다.

서울역에 도착해 각자 헤어지고 다음 날부터 다시 셋이 모여 보고서를 써야 했다. 지금이야 보고서 쓰는 게 어렵지 않지만, 그때는 보고서 쓰는 게 큰 고역이었다.

나는 정형화된 형식에는 자신이 없었는데…

'밥도 해주고 잠도 같이 자 주었는데?'

보고서는 해기 오빠가 써야 하지 않겠냐는 당돌한 말을 혜정이가 했다. 다른 조들은 어린 현역 남자애들을 다 부려먹는데 우리 조는 내가 보고서를 써야 했다.

결국 내가 보고서를 쓰게 되었고, 나중에 학점이 나왔는데, 우려한 대로 우리 셋 공통학점은 C가 나왔다.

"오빠~ 대체 이게 어떻게 된 거냐"고 혜정이가 속상한지 찾아왔다.
오빠 때문에 지금 장학금을 못 받게 생겼다며 호텔 아르바이트를 한 학기 내내 하게 생겼다고 했다.
나는 얼굴이 화끈거렸다.
나의 괴상하고 엽기적인 관광개발 방식을 교수가 이해하기 어려웠을 것이다.
"그러게 내가 안 쓴다고 했잖니." 하는 변명이 입속에서 맴맴거렸다.
혜정이와 지영이한테 미안했다. 죄인처럼 고개를 들지 못했다.

이후 혜정이는 호텔에서 한 학기 내내 등록금을 벌기 위해 아르바이트를 한 게 계기가 되었는지 스튜어디스의 꿈을 접고 졸업 후 대형 호텔에 입사해 프런트에서 근무했다.
그래도 그때 든 정으로 지금도 영업하다가 가끔 들리면 혜정이가 반갑게 밥도 사주고 커피도 사주곤 한다.

혜정이를 만나면

"비행기 타고 올라가서 은하수를 가까이서 봐야 하는데 그때 나 때문에…"

"어휴, 내가 여러 사람 인생 망친 것 같다."

"아냐 오빠! 호텔근무도 좋아."

"그때 스튜어디스는 지원해도 안 됐을 거야."

"그나저나 오빠는 잘 지내지?"

"그날 밤 우주 얘기 참 재밌었는데…"하며 내 안색을 이리저리 살핀다

혼분식 장려운동

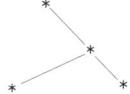

국민학교 4학년 때였다.

종례시간에 담임선생님이 들어오셔서 혼분식 장려운동의 하나로 빵과 우유 급식을 실시한다고 했다.

정부에서 장려하는 빵과 우유 급식, 자라나는 아이들의 성장 발육과 영양균형을 위하고 축산낙농업 발전과… 등등으로 "에~ 마~ 또~"

빵과 우유를 준다는 말에 침이 꼴깍 넘어갔지만, 무료가 아니라 비용이 한 달에 3,300원이라는 말에 절망했다.

당시 육성회비가 월 450원이었고, 80명 중 10명가량이 육성회비조차 내지를 못하고 있는 형편이었다.

담임선생님은 가정통신문을 들어 절취선 아래를 가리키며 빵과 우유 두 가지 다 신청하면 한 달에 3,300원이고, 빵만 신정하면 1,750원, 우유만 신청하면 1,550원이라고 했다.

가정통신문의 누런 급식 신청서에 엄마는 도장을 찍어주지 못했다.

그럼 빵만이라도 한 달에 1,750원 칸에라도 도장을 찍어달라고 매달렸지만 끝내 엄마는 얼굴을 돌리며 외면했다. 엄마에 대한 미움과 원망이 생겨 한동안 엄마가 싸주는 도시락을 내팽개치고 굶기로 작정했다.

학급 인원 80명 중 23명만이 빵과 우유 급식을 신청했다.

빵과 우유 급식이 시작되자 빈부의 차이가 극명해지기 시작했다. 점심시간이면 주번이 고소한 냄새를 풍기는 소보로 빵과 신선한 물방울이 주렁주렁 매달린 우유 박스를 가져왔다.

우유는 처음에는 병으로 나왔다가 나중에는 삼각형 모양의 팩에 나왔다.

물방울이 매달린 우유는 더없이 신선해 보였고, 고소한 곰보빵의 단내는 굶주린 나를 미칠 지경으로 몰고 갔다.

김치와 단무지 반찬의 도시락 대신 아이들은 모두 빵과 우유를 먹고 싶어 했다. 그도 그럴 것이 빵과 우유 사이다 등 단맛 나는 과자류는 일 년에 두 번 소풍 갈 때나 먹는 것들이었고, 그걸 점심 때마다 매일 먹는 아이들은 부러움과 부유함의 상징이었던 것이다.

우유는 처음에는 흰 우유만 나오더니 초코우유도 나왔다.

급식받는 아이들은 토요일이면 일요일 것까지 합해 두 개씩 받아가는 모습도 보였다.

어느 정치인의 말처럼 가난한 집 아이들은 나태해지기 쉬우니까, 복지를 제공해서는 안 된다는 생각이 그때도 있었나 보다.

삼양라면

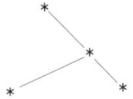

기억의 일기장을 펴보니 슬펐던 일도 있었다.

내가 13살 때 우리는 셋방에 모여 살고 있었다. 학교에 갔다 돌아오니 우리 집 연탄에 냄비가 올려져 있었고 그 옆에 라면 봉지가 놓여 있었다. 당시 우리 집 형편으로서는 밥보다 귀한 삼양라면이었다.

냄비를 열어보니 물은 아직 차가웠다.
나는 라면을 먹어보지 못해서 라면의 조리법을 몰랐다.
나는 남의 라면에 손을 대었다. 그것도 주인집 딸 라면에…
찬물에 라면을 뜯어 넣고 스프 가루를 뿌려 넣었다.
꼬불꼬불한 면이 어떻게 풀려나고…

스프가 어떻게 퍼져 나가는지 뚜껑을 열고 침도 흘리며 바라보고 있었다.

진희는 나보다 한 살 많은 주인집 딸이었다.
아마 자기네 연탄불을 막 갈아서 약했나 보다.
난 정말 먹을 생각이 없었고 라면을 넣어줄 요량이었다. 그러나 라면을 넣고 나면 내 마음이 어떻게 흔들릴지는 나도 모를 일이었다.

"라면 한두 젓가락쯤이야…"
"라면이 익는다는 게 뭘까?"
"물에 넣으면 그냥 저절로 익는 건가?"
"맛은 어떤가?"
"저렇게 면이 많은데 한두 젓가락 맛본다고 누가 알까?"
"라면 면발에 개수가 정해져 있는 것도 아니고."

나는 나도 모르는 어떤 무시무시한 힘에 이끌리고 있었다.
그것은 통제될 수 없는 숙명과도 같았고, 지구가 태양주위를 벗어나지 못하는 거역할 수 없는 힘이었다.

그 힘은 굶주림과 배고픔에 호기심이 포개진 것이었다.

잠시 후 난리가 났다.
지금쯤 물이 끓을 거라고 기대하며 왔던 진희가 펄펄 뛰면서 울었다. 자신만의 그 소중한 라면에 내가 손을 댔고 또 끓지도 않은 찬물에 라면을 넣었으니, 진정한 라면의 맛은 모르고 먹어야 할 테니까.
진희가 라면을 물어내라고 울었다.
진희가 악을 쓰며 울자 진희엄마 우리엄마 우리 누나까지 나와서 이 광경을 보았고, 다들 나한테 도대체 왜 그랬냐고 물었다.
나는 아무 대답도 하지 못하고 쩔쩔매고 있었다.

그날 이후 나는 나를 믿지 않게 되었다.
어느 시점에 도달하면 인간의 이성은 본능을 통제할 수 없다는 걸 알게 되었다. 또 라면도 거의 먹지 않게 되었다. 게다가 한 살 많은 여자를 싫어하게 되었다.

백록담에 사는 물고기

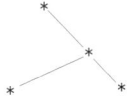

언제나 가고 싶은 곳 제주도!
하지만 내게는 기억하고 싶지 않은 사건이 하나 있다.

나는 대학 시절 관광경영학을 전공했다.
3학년 때 전공 교수와 제주도 관광개발 답사를 갔다.
청와대에서 국가의 국토개발 종합계획 청사진을 짜고 8대 관광권역 개발계획을 수립했으며, 제주 중문관광단지를 치밀하게 설계한 자부심을 가진 관광학계 최고의 권위자인 교수가 밤에 전체 학생들을 모아놓고 술 한 잔씩 돌리면서 무엇이든 물어보라고 했다.
뭔가 자랑할 업적이 즐비했던 교수는 무엇이든 물어보라고 계속해서 재촉했고, 학생들이 서로 눈치만 살피면서 아무 질문도 안 해서 너무 어색해진 시간이 흐르고 있어서 질문을 할까 말까 정말 많이 고민하다가 나로서는 정말 궁금했던 질문.

"저기 한라산 백록담에는 물고기가 사나요?"

한없이 인자하고 무엇이든 답을 해줄 것 같았던 그렇게 관대하게 아무거나, 무엇이라도 좋으니 물어만 보라던 교수는

"그런 쓸데없는 질문을 질문이라고 하냐?"며 갑자기 노발대발하며 펄펄 뛰었다.

학생들은 모두 다 얼음땡이 되었고, 나는 무자비하게 혼나고 찍혀 그 이후 난 학교생활에 흥미를 잃게 되었다.

특히 우리 관광학과는 절반이 여학생이라서 그날 당한 망신은 쉽게 치유되지 않았다. 나를 안쓰럽게 보던 그 눈빛들…

이후 난 전공에 흥미를 잃고 조용히 도서관에 처박혀 종교 서적만 읽었다. 난 도대체 제대로 하는 게 하나도 없고, 내가 말 만 하면 왜 자꾸 사고가 터지는지… 내가 나를 생각해도 도무지 알 수 없는 노릇이었다.

지금도 누가 내게 질문하라고 하면 사실 나는 겁부터 난다.

내 질문에 대해 저 사람이 어떻게 반응할지 걱정부터 돼서 정말 질문하고 싶은 게 있어도 안 하게 된다.

나는 질문하고 싶은 게 너무 많지만 아무도 질문을 안 하니까 자꾸 하라고 하라고, 무엇이라도 좋으니 제발 이 어색한 분위기 없애게 질문 좀 하라고 강사들이 집요하게 유도를 할 때면, 할까 말까를 속으로 고민 고민하다가 저 제주도 사건을 떠올리며… 허벅지를 비틀고 꼬집으며 참곤 한다.

당시 교수님은 관광학계의 최고 권위자로서 자신이 개발한 관광도시 제주를 학생들 앞에서 자랑하고 싶었던 거다.
나는 그때 우주와 생명의 기원에 대한 관심 특히 생명의 자연발생설에 관심이 많아서 한 번 끓었다가 식은 화산인 한라산 백록담에 생명체가 사는지가 궁금했을 뿐이다.
교수 입장에서는 그건 자기도 모르는 거고 물고기가 있는 게 중요한 것도 아니었던 거고, 관광 학도들답게 지리적 설계나 개발 콘셉트들이 당연히 질문으로 나올 줄 알고 있었다. 그런데 상상조차 하기 힘든, 마치 초등학생 같은 초기 인류인 원시인 같은 아주 해괴하기 그지없는 골 때리는 질문을 받다 보니 둔기로 뒤통수를 맞은 듯한 충격을 받았던 것 같다.

 졸업 후, 시간이 흘러 흘러 나는 관광학 전공이면서 전공과목에 흥미를 잃고 시를 쓰기 시작했고, 이 길이 적성에 더 맞았는지 문단에 등단하여 시인이 되었다.
 어렵고 힘든 직장생활을 하면서도 어찌어찌 시간을 쪼개서 국어국문학 문예창작학과로 학업을 이어가서 우여곡절을 겪으면서 석박사 과정을 마칠 수 있었다.

 그리고 이젠 관광학도가 아닌 국어국문학과 외래교수 자격으로 다시 모교에 현대문학 과목을 맡아 강의하러 가게 되었다.
 교수실을 지나다가 이제는 석좌교수가 된 그때 그 교수님 방을 지나게 되었는데… 문득 문 열고 들어가서 한번 물어보고 싶어졌다.

 교수님은 그날 왜 그렇게 화가 나셨는지…
 내 질문이 그렇게 화를 낼 만한 질문이었는지
 우주 크기로 보면 먼지도 안 되는 제주도와 우주 나이로 보면 찰나도 안 되는 시간을 살다가는 인간이 왜 생겨났으며, 어디서

와서 어디로 가는지 궁금해하는 내가 무얼 그리 잘못 한 건지, 물어보고 싶었다.

이제는 아흔이 넘어 죽음을 앞둔 명예 노교수는 지금쯤 나와 같은 궁금증을 갖고 있진 않을까?

인간은 왜 태어났고 어디서 왔으며 어디로 가는 건가?

용암이 넘쳐서 한 번 팔팔 끓었다가 식은 활화산인 한라산 백록담 분지에 살고 있는 물고기들은 과연 자연 발생적으로 생겨난 것인가?

그렇다면 당신과 나도 저절로 생겨났다는 말인가?

VI

숭인시장

내 가슴에 남은 별자리 1

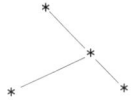

회사에서 다음 주 한마음 단합대회를 간다는 공식 공지가 떴다.

나는 부서 주간업무를 작성하고 있었기 때문에 회사의 전체 일정을 미리 파악하고는 있었지만, 월요일 회의를 다녀오신 부장님이 직원들에게 공식적으로 전파를 했기에 '아~ 날짜가 확정이 되었구나.'라고 생각했다.

회사 전체 야유회가 공지되니 직원들이 술렁거렸다.

내가 입사하기 전부터 63빌딩에는 30여 명의 안내사원이 회사의 정규직 직원들로 근무하고 있었다.

한강 변에 최고층 랜드마크 빌딩이 세워지니 당연히 최고의 미인들이 5성급 호텔 이상의 서비스를 제공해야 한다는 생각을 했었나보다. 이를 위해 엄격한 선발 기준을 거친 안내사원들이 채용되어 근무하고 있었다. 그녀들은 월급도 사무직 여직원들보다 더 많았지만, 품위 유지비와 의상비도 지급되고 있던 지성과 외모가 겸비된 엘리트 숙녀들이었다.

안내사원들은 초고층 빌딩에 걸맞게 키와 몸무게 학력과 외모도 보고 수많은 경쟁률을 거쳐 입사한 재원들이었다. 때문에 아침에 출근할 때 계열사 직원들과 63빌딩 입주사 직원들은 각 포스트에 배치되어 푸르고 아름답게 미소 짓는 상큼한 미모의 안내사원들을 바라보며 하루분의 설레임을 담아 갔다.

그런 모델 같은 미모의 안내사원들과 함께 1박 2일의 회사 단합대회를 간다 하니 모두가 설렜을 수밖에 없었을지도 모른다.

회사 전 직원이 직급과 부서를 떠나 골고루 뒤섞인 명단이 짜여졌고 업무부 소속인 안내사원들은 한두 명씩 각 조에 포함되어 있었다.

회사의 단합대회는 강원도 인제 쪽의 레프팅 코스도 포함되어 있었다.

미모의 안내사원들과 함께 배 타고 노 젓고 급류에 휩쓸리는 작은 배 위에서 잘하면 부둥켜안을 수도 있다는 생각에 몸서리치게 설레서 벌써부터 잠이 안 온다는 우리 부서 송 주임님. 이번 기회를 잘 살려서 평소 짝사랑했던 누구와 결혼을 하겠다고 벼르는 시설부 직원들도 있었다.

30여 명의 안내사원 중에는 그녀들을 대표하는 반장과 부반장이 있었다.

그 두 명은 안내사원 중에서도 꽃 중의 꽃으로 불렸고, 거의 연예인급의 출중한 미모에 원만한 성격과 인성도 가지고 있어서 흠모하는 직원들이 총각에만 국한되어 있지 않았다.

그녀들은 각 포스트마다 안내사원의 근무 위치를 정하고 안내사원들의 휴가와 비번을 감안해 근무 편성표를 짜서 업무부와 협의하는 창구 역할도 하고 있었다.

나는 입사 후 신입사원으로 좌충우돌의 시간을 보내며 정신이 하나도 없었던 때였다. 어느 날 입주사 고객에게 갔다 와보니 안내사원 부반장이 도시락을 내 책상 위에 갖다 놓고 갔다고 했다.

안내사원 반장 부반장이 사무실에 올 때는 업무부 박 과장님만 잠깐 만나고 가는데 물론 그 순간에도 직원들은 그녀들을 쳐다보느라 정신이 없었다.

내가 근무하는 영업기획부가 같은 층에는 있었지만 임대용 샘플 공간을 겸한 독립된 사무실을 쓰고 있어, 그녀들이 들릴 일도 없고 들려서도 안 되었지만, 부반장이 내 자리를 물어 물어 그녀가 집에서 손수 싸 온 것으로 보이는 도시락을 내 책상 위에 두고 갔다고 했다.

"넌 시키야. 빨리 안 열어보고 뭣허냐?"
주임님과 대리님들의 성화에 어리둥절해서 조심스레 나무 도시락을 열어보니 샌드위치와 과일이 색깔에 맞춰 정성스럽게 배열되어 있었고 한켠에 작은 종이쪽지가 있었다.

쪽지를 펼쳐보니 '맛있게 드시고 파이팅하세요~ 수연'이라는 짧은 메모가 있었다.

그녀야 워낙 유명하니까 물론 나는 그녀를 알지만, 그녀가 날 안다는 게 신기했다. 사장 비서도 날 잡상인인 줄 알았다는 마당에…

평소에 안내사원 근무 포스트들을 지나치다 보면 내가 회사 점퍼를 입고 다니니까, 보기에도 같은 직원이니까, 단순히 웃으며 목례를 하는 줄 알았다. 그런데 그녀가 나를 어떻게 알고 도시락을 갖다준단 말인가? 그것도 집에서 정성껏 싸고 쪽지까지 넣어서…

우리 부서 선배들은 내가 그녀와 무슨 관계라도 되는 줄 알고
"무슨 사이냐?"
"둘이 언제부터 사귄 거냐?"
"다리 좀 놔봐라." 등등의 말을 했다.

안내사원의 반장 부반장은 가끔 포스트 근무에 결원이 생기면 땜빵 근무를 하곤 했다. 마침 지나다가 포스트에서 유니폼을 입고 근무 중인 부반장인 그녀를 보았다. 다가가면서 멋쩍게 목례를 하고는 조심스럽게 물어봤다.
"저기… 수연 씨 맞죠?"
"갖다 놓으신 도시락을 잘 먹긴 했는데…"
"그런데 도시락을 왜 제게 주신 거죠?"
숫기 없게 물어보았더니, 그녀는 밝고 수줍게 웃으며 지금은 근무시간이라 남들이 지나가며 보는 눈이 있어 길게 말을 못 하니
"퇴근 후에 시간 되시면 커피 한 잔 사주세요."라고 했다.
대신 자기는 오늘 8시에 근무가 끝나니까 그때까지 기다릴 수

있겠냐고 했다. 쳐다만 봐도 심장이 뛰고 떨리는 미녀가 내게 그런 말을 하니 정신이 아찔해지고 대체 이게 꿈인가 생시인가?

아무 생각이 안 나서 대답을 못 하고 얼버무리고 왔는데, 책상에 앉아서 정신을 차리고 보니 오늘은 큰 집 제사에 가야 하는 날이었다.

아버지가 어제 춘천에서 오셔서 퇴근 후 큰 집으로 바로 오라고 엄명이 떨어진 상태였다. 제사에 목숨을 걸고 사시는 아버지는 아침부터 큰집에 가서 큰아버님과 술을 드시고 계실 것이다.

제사 때문에 오늘은 안된다는 말을 그녀에게 했어야 했는데…

다시 근무지로 내려가 보니 이미 그녀는 없고 다른 안내사원이 그 자리에 서 있었다.

안내사원실로 찾아 올라가 말을 해야 하나 어쩌냐를 고민했지만, 그곳은 회사에서 암묵적으로 정해 놓은 외부인 접근금지 구역이자 금남의 구역이었다.

어쩔 수 없이 나는 퇴근 후 큰집으로 제사를 지내러 갔다.

부반장 수연과 다시 마주친 건 그다음 주 강원도 내린천에서 열린 1박 2일의 회사 한마음 단합대회에서였다.

내 가슴에 남은 별자리 2

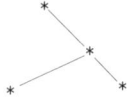

 부반장 수연은 자기가 퇴근하는 저녁 8시까지 기다려 달라고 했지만, 나는 그럴 수가 없었다. 집에 제사가 있어 퇴근하자마자 안산 큰집으로 가야만 했다. 춘천에서 올라오신 아버지는 마치 제사를 위해 이 세상에 태어나신 분 같았다.
 벌써 제삿집에 가셔서 아버지 형제들과 술을 마시고 계실 것이다.
 아침에 출근하는 내 뒤통수에 대고 딴 데로 새지 말고 곧장 와야 한다며 못을 박아 놓았다.
 "생전에 할아버지가 널 얼마나 끔찍이 생각했는지는 너도 잘 알게야."
 할아버지 제사에 딴사람은 다 빠져도 해기 너는 절대 빠지면 안 된다는 것이다.

돌아가시던 날, 내가 오기를 기다리며, 손에 이만 원을 꼭 쥐고 돌아가신 할아버지라 나는 제사에 참석을 안 할 수가 없었다.

아직 잘 알지도 못하는 그녀의 갑작스런 제안에 나는 내 집안 제사까지 설명할 수도 없어서 뭐라 대답을 하지 못하고 사무실에 와서 앉아 있는데 심경이 복잡해졌다. 이대로 그녀와 멀어져야 한다고 생각하니 가슴이 아리고 아팠다.

미모의 안내사원들은 애인이 있는 경우가 많았다.

그녀들의 퇴근 시 스포츠카나 고급 외제차가 빌딩 앞에 대기해 있다가 퇴근하는 그녀들을 싣고 가는 모습을 종종 보았다.

직원들 사이에는 안내사원들이 퇴근 후 방송국으로 가는 걸 봤다는 사람도 있었고, 강남 룸살롱 술집에서 본 것 같다는 동기도 있었고, 어젯밤 하얏트 호텔 나이트클럽에서 춤추는 걸 봤다는 소문도 있었다.

그런 소문들은 내가 선뜻 그녀에게 가까이 다가가지 못하는 이유이기도 했다.

가진 건 쥐뿔도 없으면서 무슨 대대손손 양반 가문이라고 제사에 저렇게 집착하는 우리 집과 비교적 자유롭게 살아가는 듯 보이는 안내사원들이 우리 집과는 어울리는 여자가 아닐 것이란 생각이 들었다.

　엄마의 성화에 나는 곧 결혼하긴 해야 하는데 저런 부류(?)의 여자들과 과연 결혼 생활을 잘 유지할 수 있겠냐는 생각도 들었다. 안내사원들에 비하면 방송실 은경 씨는 꾀꼬리 같은 목소리에 단아하고 단정한 조선 시대 여인 같아서 더 호감이 갔다.

　비서실 미선 씨도 마음에는 들지만, 워낙 높은 사람들만 상대하다 보니 눈만 높아져 일개 신입사원인 나에 대한 존중이 부족할 것 같았다.

　엄연히 큰집이 있는데 막내 손주며느리인 내가 왜 제사에 가야 하냐고 따지기 좋아하는 미선씨가 시아버지에게 대들기라도 하는 날에는 제사를 신주단지처럼 모시고 사는 우리 아버지는 큰 충격으로 쓰러지실 것이다.

　이것저것 생각해 보니 결혼을 안 하고 혼자 살고 싶었지만, 부모님은 춘천에 계시고 형제들은 결혼과 취업으로 다 나가서, 집에 나 혼자 살고 있으니 장남에 대한 엄마의 걱정이 많았던 것이다.

부반장 수연에게 기다리겠다는 둥 이따 보자는 둥 대답을 하지 못해 마음이 무거웠지만, 큰집이 멀어 시간을 더 지체할 수가 없었다.

퇴근하자마자 할아버지 제사로 향했다.

그녀의 근무지를 지나가며 퇴근하게 되니 뒤통수가 몹시 따가웠다.

'어라? 내가 기다리라고 했는데 뒤도 안 돌아보고 그냥 가네?'

'오호라~ 사귀는 여자가 있나 보네~'

나중에 들으니 그녀는 이렇게 생각했었다고 했다.

서울에 와 계신 아버지와 막걸리 대작을 해가며 주말을 보냈다.

월요일 출근해서 엘리베이터 앞에 서 있다 보니, 안내사원들 몇이서 나를 보더니 내 눈치를 봐가며 입을 가리고 힐끗힐끗 쳐다보면서 자기들끼리 뭐라 뭐라 하는 것 같았다.

"저 사람이야?"

"내 눈에는 그저 그런데~"

"어머 어머, 저 사람이래?"

"수연 언니가 좋아한다는?"

왜 소문이 났는지 모르지만, 일주일 사이에 둘이 사귄다는 소문이 회사에 파다하게 퍼져 있었다. 따로 한 번 만난 적도 없는데 그 소문은 내 혼삿길을 막아서고 있었다.

방송실 은경 씨와 비서실 미선 씨 귀에도 이 소문이 들어갔다면 큰일인데…

부반장 수연과 결혼을 하지 않는 이상 소문이 회사에 다 퍼져서 이제 사내에서 결혼 배우자를 찾기는 힘들지도 모른다.

드디어 한마음 단합대회 1박 2일 야유회를 가는 날이 되었다.

그녀가 나와 같은 조는 아니었지만 멀리서도 자주 나를 주시하는 그녀의 뜨거운 시선을 느낄 수 있었다. 내가 지은 죄는 도시락을 한번 얻어먹은 것과 제사가 있어 8시까지 기다리지 못한 것뿐이었다.

이번 1박 2일 동안 부반장 수연과 얘기할 기회가 생긴다면 그날 내가 못 기다린 변명과 내게 기다리라고 한 이유도 묻고 싶었고, 내 자리에 도시락을 두고 간 이유도 물어보고 싶었다.

급류를 타며 레프팅도 하고 물에도 빠져가며 직원들과 함께 어울려 놀았더니 낯설었던 다른 부서 직원들과도 친해지게 되었고 회사에 대한 애사심도 생기게 되었다.

뷔페로 마련된 저녁 식사를 마치자 술과 안주가 준비된 저녁 장기자랑 시간으로 이어졌다.

안내사원들의 춤 솜씨는 역시 노는 물이 다르다는 걸 보여주었다.

직원들은 자리에서 일어나 따라 박수치며 열광했지만, 너무 시끄럽다 보니 머리가 아파와 나는 슬그머니 강당에서 빠져나와 강원도 깊은 산골의 밤하늘을 바라보고 있었다.

공기 좋고 맑은 곳에서 모처럼 보게 되는 별이 많은 밤하늘이었다.

뒤에서 누군가 인기척이 느껴졌다.

안내사원 반장과 부반장이 지나가고 있었다.

유니폼을 입었을 때와 사복을 입었을 때가 이렇게 다르다니 수연의 늘씬한 몸매와 외모가 더욱 돋보였다.

나를 본 부반장 수연이 반장에게 귓속말로 먼저 가라고 하더니, 그녀는 목례 인사를 하며 내 앞에 다가섰다.

"아~ 양해기 씨 안녕하세요? 잘 지내셨죠?"

"아~ 네, 그게…"

나는 그녀와 갑작스레 맞딱드린 상황에 정신이 아찔해지고 허둥거렸다.

"맛있는 거 많이 드셨어요?"

"근데 왜 밖에 나와 계세요?"

"아 저는 안이 너무 시끄러워서 그냥~"

"아~ 네 그러셨어요."

"저희는 지금 사장님과 임원님들 술 드시는데 안주를 만들어 드리러 거기 잠깐 가는 길이에요"

"양해기 씨?"

"네?"

나는 긴장이 되었는지 목이 잠기어 목소리가 잘 나오지도 않았다.

"이따가 밤에 술 한잔하러 나오실래요?"

"저~기 아까 캠프 파이어 하던 곳으로~"

"직원들이 술 다 마실지 모르니까 소주 한 병은 챙겨가지고 오셔야 해요. 호호." 하고는 콘도 본관 건물 쪽으로 들어갔다.

캠프파이어 하던 곳에 가보니 아직도 뜨거운 불길이 남아있었다.

사람의 마음속에도 저렇게 쉬 꺼지지 않는 숯이 있을까?

회사의 모든 공식 행사는 12시에 끝났다.

내일 아침 7시에 등산 일정이 있으니 어서 일찍 자라고 총무부장이 호르라기를 불고 다녔다. 총무부장님이 총무 과장에게 시키지 않고 호루라기를 불며 직접 돌아다니는 데에는 다 이유가 있었다.

사장님이 계신 앞에서 자신이 솔선수범하는 모습을 보여 점수를 따겠다는 것과 술 마신 직원들의 통제는 과장급으로는 해결되지 않는다는 걸 매년 야유회 때마다 겪어봤기 때문일 것이다.

나는 다시 숙소로 돌아가서 고구마 몇 개와 소주 한 병을 챙겨 들고 캠프파이어 장소로 향했다. 가로등 불빛이 있었지만 내린천에 짙은 안개가 끼어 멀리서 보면 사람이 있는지 없는지 구분이 잘되지 않았다.

안개가 커튼처럼 사물들을 가려주고 있었다.

속에 있는 숯을 뒤적이니 다시 불이 붙어 올랐다.

모닥불 앞으로 벤치를 끌고 왔더니 벤치가 곧 따뜻해졌다.

고구마 몇 개를 이글거리는 숯에 던져놓고 있는데 저쪽에서 흐릿하게 사람이 한 명 걸어오고 있는 게 보였다.

총무부장님인가? 하고 보니 부반장 수연이었다.

"어머~ 일찍 와 계셨네요."
"아뇨~ 저도 방금 왔어요."
"고구마는 양해기 씨가 가져온 거예요?"
"네~ 불씨도 남았고 뒤져봐도 안주가 없어서… 그런데 이게 안주가 될지는…"
"고구마 타는 거 보니까 일찍 오신 것 같은데요, 호호."

둘이 나란히 앉아 술잔이 없어 병째 소주 한 모금씩을 마시며 어색함을 지워 나갔다. 비록 같은 회사지만 전혀 다른 회사 생활과 서로의 힘든 점과 보람 있던 일을 이야기하게 되었다.

"그럼 수연 씨는 언제 입사했어요?"
"저는 이제 일 년 조금 넘었어요"
"일 년 만에 부반장이면 승진이 빠른 거 아닌가요? 하하."

"그런가요? 호호. 안내사원들은 이직이 많아서요."

"반장 희정이도 저하고 육 개월 차이밖에 안 나거든요."

"아, 그러시군요."

"근데 여기 별이 참 많죠?"

"어머, 정말 그러네요."

"제가 군대에 있을 때 해안 경비병이었거든요."

"경비병한테 지급되는 간첩 오는지 밤에 잘 살피라고 주는 야간투시경이라는 비싼 장비가 있는데… 저는 그걸로 간첩은 안 잡고 맨날 밤하늘 별만 봤어요. 하하."

별과 군대 이야기가 나오자 신이 난 나는 열심히 손짓 발짓을 해가며 설명을 하는데…

"저는 양해기 씨를 회사 대강당에서 신입사원 소개 때 처음 봤어요."

"반장이나 부반장은 정해진 포스트 근무가 없으니 회사 행사에 참석을 하거든요."

"그런데 저번에 꼬마 아이가 회전문에 손가락이 끼어 양해기 씨가 성모병원으로 업고 뛰어가는 걸 봤거든요."

"그래서 호기심이 생겼고 도시락은 그 아이를 구한 선물이었어요."

"아~ 그거요?"

"그거는 먼저 본 직원이 선조치하게 되어 있어요."

"회사 업무 메뉴얼에 다 나와 있는 거예요."

"보고도 지나쳐서 대응조치가 늦었다면 아마 제가 징계를 받았을걸요. 하하."

"저~ 그리고 저번에 8시에 기다리라고 했는데 안 기다리고 간 건 수연 씨를 무시하거나 관심이 없어서 그런 게 아니라 집에 제사가 있어서 그랬어요."

"제사요? 어머~ 나는 그런 것도 모르고…"

친하지도 않은데 집안 제사까지 말하기가 좀 그렇기도 했다며 고개를 들었는데… 어느 순간 나를 향해 몸을 돌려 앉은 부반장 수연의 얼굴이 내 얼굴 바로 앞에 와 있었다.

숨이 턱~ 막히고 가슴이 요동치며 뛰었다.

가까이서 보니 그녀의 눈 속에는 밤하늘 별들을 모두 다 옮겨 놓은 듯 수많은 별빛이 떠 있었다. 특히 그녀의 분홍색 입술 끝에는 지금까지 내가 본 어느 별빛보다 더 초롱초롱하게 빛나는 샛별 하나가 가로등 불빛을 받아 유난히 반짝이며 빛나고 있었다.

밤하늘을 다 담은 그녀의 검은 눈과 빛나는 샛별이 내 얼굴 가까이 점점 더 다가오자 나는 나도 모르게 스르르 눈을 감고 말았다.

둘 사이에 오가던 말들은 사라지고 풀벌레 소리만 한층 더 짙어진 안갯속에서 크게 들려왔다. 그 사이로 이따금 다 탄 숯이 풀썩풀썩 주저앉는 소리가 끼어들었다.

그녀는 양팔로 내 목을 끌어안고 내 입속에 별빛을 넣어줄 곳을 샅샅이 찾고 있었고, 나는 굴곡진 그녀 몸을 더듬으며 그녀 몸에 그려진 낯선 별자리를 찾아가고 있었다.

어느덧 시간이 한참 지나 새벽 네 시가 넘어가고 있었다.

새벽 두 시까지는 총무부장님의 호루라기 소리도 간간이 들렸고, 삼삼오오 젊은 직원들의 작은 술판이 계속 이어지는지 드문드문 불빛도 보였는데, 새벽 세 시가 넘어가자 이젠 모두들 잠들었는지 세상 전체가 고요하기만 했다.

그녀와 나, 둘만 숨이 막혔다가 한 번에 터져 나오는 듯한 거친 숨소리가 밤안개 사이를 헤집고 다녔다.

내 가슴에 남은 별자리 3

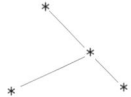

새벽이 되자 근처 계곡에 물이 많아서 그런지 자욱했던 안개는 한 겹 더 짙어졌다. 둘이 뜬눈으로 밤을 새운 새벽 네 시쯤이 되니 모닥불도 꺼지고 약간의 한기도 느껴져 수연과 나는 숙소로 올라왔다. 땅이 풀에 묻은 새벽안개로 미끄러워져 있었다. 우리는 자연스럽게 손을 잡고 있었다.

백 미터쯤 떨어진 숙소까지 수연은 자기를 좀 업어달라고 했다.

태어나서 처음으로 성인 여자를 등에 업었다. 등이 따뜻해졌다. 업힌 그녀의 몸에서 달큰한 살냄새가 났고, 그녀의 코가 내 귀에 닿아 간지러웠다. 그녀의 체온이 등을 타고 전해져 오니 기분이 다시 야릇해졌다.

숙소의 긴 복도에서 각자의 방으로 돌아가려 할 때, 그녀는 다시 내 품에 안겨들었다. 뭔가가 아직 아쉬웠던지 또다시 뜨거운 키스를 해왔다.

회사 여직원 그것도 회사의 꽃이라 할 수 있는 안내사원, 그 안내사원 중에서도 상징이라 할 수 있는 부반장, 사적인 자리도 아닌 회사 공식 행사고 사장님까지 와 계시니 장소만 다를 뿐 이곳도 회사나 다름없는 공간인데…
여기 복도에서 이러다가 누가 지나가다가 보기라도 하는 날엔 그야말로 고지식한 회사에서 우리 둘은 풍기문란죄로 인사위원회에 회부될 게 틀림없을 것이다.
나는 불안해서 버둥거리는데 그녀는 그런 것에는 전혀 개의치 않고 자기가 하고 싶은 대로 행동했다.

입술에 묻은 그녀의 별빛을 손등과 팔뚝으로 닦으며 배정된 방으로 돌아와 보니 직원들이 널브러져 자고 있었다. 곳곳에 맥주병과 소주병이 나뒹굴고 있는 것으로 보아 내 숙소에서도 밤새도록 술자리가 이어졌던 모양이었다.
지저분한 것들을 대충 한 곳으로 밀쳐놓고 자리에 누웠다.

조금 전 수연과 있었던 모든 일이 다시 생각났다. 믿어지지 않았다. 이게 꿈인지 생시인지.

누운 지 십 분 정도는 정신이 초롱초롱했다.

남녀 간에 사랑을 하면 이런 감정이 생기는 것일까? 행복한 마음이 벅차올랐지만 한 편으론 걱정도 되었다.

수연이 내가 감당할 수 있는 여자일까? 하는 걱정이 되었다. 수연이 이 직장에 오래 다닐 수 있을까? 하는 불안감도 있었다. 그래도 수연은 일반 안내사원들과는 다른 점이 있었다. 회사에서도 그녀의 됨됨이를 알아보았으니 부반장을 시킨 것일 것이다.

어느새 깜빡 잠이 들었고 누가 나를 흔들어 깨웠다.

등산을 위해 집합하라고 했다. 졸려서 더 자고 싶었지만 인원 점검이 있으니 신입사원 주제에 아무리 피곤해도 안 나갈 수 없었다.

같은 부서 대리님이 다가왔다.

"야~ 양해기."

"넌 인마, 도대체 엊저녁에 어디 가서 뭐 했어?"

"혼자만 재미 보고 말야~ 짜~식이~"

가슴이 철~렁 내려앉았다.

아, 어제 일을 누가 본 사람이 있었나 보다.

안 대리님 말은 부장님 모시고 부서원들이 다 모여서 모처럼 우리끼리 밖에 나온 김에 술 한 잔 더 하려고, 내가 배정받은 숙소에도 몇 번이나 가보고, 다른 방마다 다 찾아다녔는데도 없었다는 것이다.
"아~ 네, 그게 저… 저희 동기들끼리 한잔하느라…"
"무슨 소릴 하는 거야? 니 동기들도 밤새 너 찾아다니던데?"

인원파악이 끝나고 아침 등산길에 올랐다.
수연이 어디쯤 있는지 찾았는데 저쪽에서 그녀가 다가왔다. 어제 일로 수줍어하는 듯하지만, 그녀의 두 눈에는 애정과 사랑이 담뿍 담겨 있었다.
"해기 씨, 좀 주무셨어요?"
"아 네, 저는 잤는데 수연 씨는요?"
어젯밤 아니 몇 시간 전의 일이 쑥스러워 나는 말을 얼버무리고 있었다.
수연은 나보다 여섯 살이나 적은데도 어떤 면에서 정신연령은 나보다도 더 성숙해 보였다.

"저는 자면 얼굴이 퉁퉁 부을 것 같아서, 호호."

둘이 서서 얘기를 하니 다른 직원들이 쳐다봤다.

안내사원을 담당하는 업무부 과장님을 빼고는 안내사원과 일반 직원이 얘기하는 일은 거의 없었기 때문에 저 둘이 무슨 사이이긴 하구나 하고 직원들이 추측하는 듯했다.

한마음 단합대회 모든 공식 행사가 다 끝나고 버스를 타고 회사로 돌아왔다. 돌아오는 차 안에서 피곤했는지 나는 정신없이 잠이 들었다.

버스 기사는 중간중간에 직원들을 집에 가기 편하게 내려주었지만 나는 회사로 왔다. 역시 수연도 중간에 내리지 않고 회사에 도착해 있었다.

부장님은 사장님이 회사에 들를지도 모르니 서류철을 꺼내놓고 살펴보는 척하고 있었다.

이건 퇴근이 아니지만 부장님께 먼저 퇴근한다고 인사를 하는데 뒤통수가 따가웠다. 그냥 버스 중간에서 내렸어야 했는데…

수연을 만나 한강에 있는 선상 까페에 갔다.

회사를 벗어나자 그녀가 자연스럽게 팔짱을 끼워왔다. 누가 보더라도 우리는 다정한 한 쌍의 연인으로 보였다.

수연은 보면 볼수록 아름다웠지만, 일반 사무직 여직원들과는 느낌이 달랐다. 이런 여자와 결혼하면 얼마나 좋을까? 하는 상상도 했다. 그러나 문제는 나는 곧 결혼해야 하고, 수연은 아직 결혼할 마음도 준비도 안 돼 보인다는 것이다.

어젯밤 하루 쌓은 정으로 촌스럽게 오늘 결혼하자고 할 수도 없는 일 아닌가.

선상 까페에서 맥주를 마시며 그녀는 자신이 살아온 얘기를 들려주었다.

이 회사에 입사하기 전에는 소속사에 속해서 모터쇼나 레이싱 걸 등등 이벤트를 주로 다녔다고 했다. 무슨 무슨 박람회 오픈 행사가 있으면 지방에도 갔다고 했다. 행사가 겹치는 날엔 사복과 원피스와 한복을 같이 차에 싣고 가는 날도 있었다고 했다.

지금 우리 회사에서 근무하고 있는 대부분의 안내사원이 전 직장은 이벤트 회사에 다녔을 것이며 자기처럼 그랬을 거라고 했다. 그러다 보니 지금 이 회사에 대한 애착이나 소속감이 그다지 크지 않다는 것이다.

63빌딩 앞에 도열하는 고급 외제차들은 도대체 뭐냐고 물었다.

그것은 재벌 2세 출신 남자들이 안내사원들 퇴근 시간에 맞춰 자기 애인을 데리러 오는 경우도 있고, 이벤트 회사에서 다시 같이 일해보자고 찾아오는 경우도 있다고 했다.

그런 말을 들으니 나는 더 답답하고 막막해졌다.

이런 수연이 가난하고, 월급도 적고, 나이도 많은 데다 장남이기까지 한 나와 결혼 할 수 있을까? 나는 이번 주도 선보라고 집에서 성화가 심한데…

"저… 수연 씨."
"결혼은 혹시 언제쯤 하실 건가요?"
"네에? 결혼요?"
"한 서른 살쯤 돼서 할까 싶어요, 호호."
"그때까지 날 기다려 줄 사람이 있으려나."
"시집갈 돈도 벌어야 하고 집에 생활비도 보태야 하고…"
"양해기 씨가 그때까지 기다려 주실래요?"
"네? 제 제가요? 그, 그때까지?"
"아니 뭘 그렇게 놀라세요? 농담으로 한 말인데."

"기다릴 자신이 없나 보네, 호호."

농담을 섞으며 얘기했지만, 수연의 말을 들어보니 첩첩산중이었다.

그녀가 서른이면 나는 서른여섯이 아닌가? 그때까지 기다릴 수도 없지만 기다린다고 해도 서로 안 변한다는 보장도 없고, 나중에 그녀가 나와 결혼한다는 장담도 할 수 없는 일이다.

그녀 앞에 언제든 돈 많은 재벌 2세가 나타나 구애할지도 모를 일이다.

사랑과 현실은 이렇게나 간격이 크구나 하는 생각이 들었다.

그녀에게 나는 무엇일까?

원나잇일까?

잠시 호기심에 사귀다가 스쳐가는 남자 중 하나일까?

내가 돈이라도 많으면 모를까 지금 당장은 그냥 그녀가 하자는 대로 이끄는 대로 따라갈 수밖에 없을 것 같았다.

택시를 타고 그녀를 집까지 바래다주었다.

택시 안에서 수연의 손을 꼭 쥐고 있었다. 내 어깨에 머리를 기댄 수연은 어젯밤 아니 오늘 새벽에 숙소까지 자기를 업어 달라고 한 이유에 대해 말해주었다.

63빌딩 회전문에 끼어 손가락을 다친 그 아이가 양해기 씨 등에 업혀 가는 걸 보고 문득 자기도 저 등에 한 번 업혀봤으면 좋겠다는 생각을 했었다며 쥔 손을 만지작거리며 말했다.

"그럼 이제 수연 씨 소원은 푸셨네요. 하하."

"그래 등에 업혀보니 어떻던가요?"

"아빠 등처럼 따뜻하고 포근했어요."

"어릴 때 돌아가신 아빠의 등도 양해기 씨 등처럼 따뜻했는데…"

그녀의 눈에 설핏 물기가 어리는 듯했다. 나는 그녀의 슬픔을 깨기라도 하듯 짐짓 농담을 던졌다.

"저는 어제 땅바닥도 미끄러운데 업고 오느라 다리가 휘청거려 죽는 줄 알았는데."

수연이 눈을 흘기며 매만지던 손가락을 꽉 꼬집었다.

그녀와 사귀게 되니 모든 일정은 그녀의 근무 스케줄에 맞춰졌다.

저녁 9시까지 동 로비 인포메이션 근무라고 하면 그때까지 기다려야 했다.

어느 순간 내 몸에서 기운이 쭉 빠져나갔다.

들쭉날쭉한 퇴근 시간과 비번 근무인 그녀 시간에 내 시간을 맞춰야만 했고, 집에도 데려다줘야 하니, 한가한 재벌 2세가 고급 외제차를 빌딩 앞에 대놓고 매니저인 양 주구장창 기다리는 이유도 이제야 비로소 알 것 같았다.

계속 이런 일이 반복되니 솔직히 부담되기 시작했다.

그 부담이라는 것에는 계속 만나봐야 결혼도 못 할 거고 시간만 허비하게 될 것이라는 부정적인 생각이었다.

나는 지금 빈집에서 혼자 살고 있고, 올해 안에 결혼해야 하는 상황이었다. 그런데 지금 당장 재밌다고 그녀와 더 정이 들어봐야 결국 헤어지면 아픔과 상처와 아쉬움만 더 커질 것만 같았다. 엄마의 입버릇처럼 이웃집 처자 믿다가 장가 못 간다는 말도 떠올랐다.

그리고 이렇게 그녀와 사귀다가 더 깊어졌는데 내가 갑자기 다른 여자와 선봐서 결혼한다고 하면 그녀는 또 얼마나 충격이 클까? 이 생각 저 생각은 이 핑계 저 핑계로 바뀌어 그녀를 기다리지 못하는 시간이 늘어나고, 그녀도 내게서 차츰 멀어져 갔다. 그리고 얼마 지나지 않아 그녀가 회사를 그만뒀다는 소문이 돌았다.

그녀가 말했듯이 돈을 더 많이 벌 수 있는 이벤트 회사로 옮겨 가게 된 것일까? 내게 무언가를 말하려는 듯한 눈빛이 느껴졌지만 서로 먼저 다가서지 않았다.

수연은 그렇게 회사를 떠나갔다.

그녀를 우연히 다시 만난 건 십 년이 지난 후 광화문에서였다.

출입구가 대단히 비좁은 집

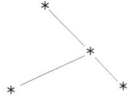

어릴 적 출구가 비좁은 집에서 살았다.

보증금 오만 원에 월세 삼천 원짜리 집. 집과 집 사이 골목 속에 아무도 모르게 숨어 있던 집이었다. 집 대문이 어두컴컴한 골목 속 끝에 있어서 대낮에도 무섭게 느껴지고 들어가기가 꺼려지는 집이었다.

골목의 입구가 너무도 좁아 성인이 상체를 바로 펴고는 들어갈 수 없는 집이었다. 장롱이 들어갈 때 양쪽으로 장롱이 다 긁혀서 집안에 성한 가구가 하나도 없던 집이었다. 캄캄한 골목으로 들어가다 보면 바닥에 쥐가 있을지도 몰라 헛기침 소리를 내면서 들어가야 했던 집이었다.

방과 후 학교가 끝나고 친구들과 집에 올 때면 우리 집이 아닌 척 그냥 지나치고 나서 친구들이 다 사라지고 나서야 다시 돌아와 주위를 둘러보고야 들어가던 부끄러운 집이었다.

누나가 결혼할 남자를 집에 데려올 때 집에 데려오기 창피하다고 삼 일 내내 울어서 친척 집을 우리 집인 척 빌려서 중요한 행사 때마다 우리 집이 아니었던 우리 집이었다

얼마 안 있으면 크리스마스이브다.

사람이 사는 집도 아닌 마구간에서 태어난 예수를 생각해 보니 그에 비하면 나는 얼마나 부유했었나를 생각하게 되고 집도 아닌 보리수나무 아래 그늘을 집 삼아 살다 간 부처를 생각해보며 철없던 어린 시절의 나를 반성해 본다.

그 좁은 골목보다 더 비좁기만 했던 못난 내 마음을 되돌아본다.

4학년 때 전학 온 아이 경수

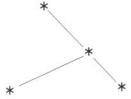

국민학교 4학년 때 한 아이가 전학을 왔다.

그 친구의 이름은 경수였다. 어느 학교에서 가난한 이 동네로 왜 전학을 왔는지는 알 수 없었지만, 아무도 관심을 갖지 않던 경수 주변에 친구들이 갑자기 모여들었다.

경수는 금세 십여 명의 친구들을 몰고 다녔다.

경수는 주머니에 지폐를 한 움큼씩 가지고 다녔다. 경수는 문방구에서 파는 귀한 샤프나 장난감을 사서 친구들에게 마구 나눠 줬다. 방과 후 학교 앞에서 파는 맘모스 빵도 사서 주위 친구들에게 선심을 썼다.

이런 소문이 돌자 가난한 학교의 가난한 아이들이 금세 몰려들었다.

경수네 집이 얼마나 부자인지는 몰라도 경수는 매일 친구들에게 아이들이 호기심을 가질만한 학용품이나 빵을 사주었다.

하교 시간이 되면 가난한 친구들이 경수 뒤를 쫓아 우르르 몰려 나가곤 했다. 어떤 아이들은 경수의 가방을 들어주거나 경수의 비서와 입 역할을 자처하기도 했다. 그런 아이들은 반드시 비싼 짜장면을 얻어먹었다.

경수한테 잘만 보이면 경수는 그에 상응하는 대가를 반드시 지불해 주었다. 경수네 집으로 놀러 가고 싶어 하는 아이들 있었으나, 경수는 으리으리할 것만 같은 자기 집으로 아이들을 데리고 가지는 않았다.

선물을 나눠주고 주머니에 오백 원, 천 원짜리 지폐를 몇 장씩이나 가지고 다닌다는 소문이 퍼지자, 어느 날 소문을 들은 담임선생님이 경수를 교무실로 불러 주의를 주었다.

돈의 출처도 물었지만, 경수는 그냥 부모님이 주신 용돈이라고 했고 훔친 돈이 아니냐는 선생님의 추궁을 피해 갔다.

그러던 중 어느 날 경수의 부모님이 학교에 찾아왔다.

경수 부모님이 가고 담임선생님은 마지막 수업도 안 하고 종례를 겸해 들어와서 아이들 모두를 눈감게 했다. 경수한테 선물 받은 아이들은 모두 손을 들라고 했다. 손을 든 아이들은 모두 남아 경수한테 받은 선물과 돈을 적어 내라고 했다.

그간 받은 걸 모두 경수한테 돌려주라고 했다.

경수는 자기 부모가 운영하는 구멍가게에서 돈을 몰래 훔쳐와서 아이들한테 선심을 썼던 것이고, 돈통에서 매번 돈이 빈 걸 보고 경수를 추궁해서 그 돈을 받으러 부모님이 학교로 찾아왔던 것이다.

경수한테 선심을 제공받은 아이들은 모두 난감하게 되었다.

아이들은 그 돈을 갚을 형편이 되지 않았으니 모두 발뺌하기 시작했다.

그 일이 있고 얼마 되지 않아 경수는 다른 학교로 전학을 갔다.

나도 그런 경수와 친하고 싶어서 경수 주변을 많이 배회했고, 가방도 들어주고 싶어 했고, 목마도 태워주고 엎드려 말도 되어주고 싶어서 기회를 노렸으나, 그 기회를 얻지 못했던 걸 그때 다행으로 생각했다.

그 이후 나는

지나치게 친절하거나
지나치게 돈을 쓰거나 자랑하는 사람을 보면

혹시
또 다른 경수가 아닐까를 생각해 본다.

아폴로 극장

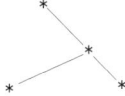

내가 여덟 살 때, 할아버지와 삼양동 아폴로 극장에 가서 난생 처음 영화를 봤다. 영화표는 길가 집이던 우리 집 시멘트 담벼락에 신문지만 한 영화 홍보 포스터를 붙이게 하면 초대권을 두 장 주는데 그걸 가지고 갔다.

18금 미성년자 관람 불가 영화였으나, 할아버지는 국민학교 1학년짜리가 뭘 알겠느냐 싶었는지 영화관에 나를 데리고 갔다.

매표소 안에 있던 직원이 나를 훑어 보고는 역시 미성년자라기보다는 어린 꼬맹이다 보니 저 어린 게 뭘 알겠냐 싶었는지 그대로 입장 시켰다.

초대권의 크기는 옛날의 기차표 크기와 비슷했으나 바탕이 흰색이고 점선이 있었다. 초대권에는 상영 일자와 시간 그리고 영화

제목 등이 적혀 있었다.

나는 영화관을 태어나서 처음 들어갔기에 어두컴컴한 극장이 낯설었다.

어둠이 답답하고 두려웠다. 영화가 시작되자 엄청나게 큰 화면에 마치 실제 사람들이 거기 들어가 있는 듯한 착각이 들었다.

우리 집 개가 거울을 보고 짖다가 거울 뒤로 돌아가 보듯이 나도 영화 화면 뒤쪽에 뭐가 있는지 궁금해졌다.

영화의 내용은 어린 내가 보기에 가히 충격적이었다.

모든 장면이 공포스러웠다. 특히 성교육도 받아보지 못한 나로서는 극악한 폭력에 심장이 뛰어 영화관을 뛰쳐나가고 싶었다.

영화의 처음은 평온하게 시작되었다.

연지 곤지를 찍은 신부가 가마를 타고 산길을 지나고 있었다.

신랑은 말을 타고 앞장서고 있었다.

가마꾼 두 명과 식솔 두 명이 따라붙고 있었다.

아마도 신붓집에서 혼례를 치르고 나서 이제 신랑집으로 가는 중인 듯했다.

화면이 소나무를 크게 잡고 일행은 멀리서 흐릿하게 잡는가

싶더니만…

그때 갑자기 붉은 깃발을 단 긴 창이 날아와 소나무에 쾅 하고 힘 있게 박히더니 창이 부르르 떨었다.

신랑이 탄 말이 놀라 앞발을 치켜들고, 함성이 터지고 가마꾼들은 혼비백산해 달아나고 숲에서 텁석부리 산적들이 환도를 들고 튀어나왔다. 신랑을 포함해 몇은 달아나다가 산적이 휘두른 칼에 맞아 쓰러지고, 신부는 산적들 소굴인 산채로 잡혀갔다.

산채의 어느 방에서 두목으로 보이는 텁석부리가 아주 능글맞게 웃으며 신부에게 다가서고 있었다. 한 손으로 버둥대는 신부를 어깨에 메고 온 바로 그놈이었다.

여자는 겁에 질려 울고 있었다.

여자는 두 손을 모아 싹싹 빌면서 살려달라고 애원했다. 산적은 신부의 고운한복을 사정없이 찢어 벗기고, 여자가 필사적으로 반항을 하자 예쁜 여자 얼굴로 우악스런 손이 사정없이 날아들었다.

한 대의 매에 여자는 외마디 비명을 지르며 기절하듯 쓰러졌다.

쪽찐머리가 풀려 헝클어진 머리카락과 입술에 물고 있는 핏기는 더 이상 곱디고운 신부의 모습이 아니었다.

겨우 의식만 남은 여자를 산적이 덮쳐 찢긴 옷가지를 벗겨내며, 여자의 하얀 속살의 나머지가 다 드러나려는 찰나, 밖에서 졸개가 산적 두목을 불렀다.

잠시 산적이 나간 사이, 여자는 정신을 수습하고, 방 안에서 이리저리 정신없이 뭔가를 찾았다. 처음엔 날카로운 칼 같은 것을 찾아 산적에게 대항하려는지, 제 목숨을 끊으려는지 무언가를 찾다가 술병을 발견했다.

여자는 그 독한 화주를 벌컥거리며 미친 듯이 마시기 시작했다.

술을 반병쯤 마셨을 때, 산적 두목이 다시 안으로 들어와서 여자가 술에 만취된 모습을 보는데, 조금 전까지 겁에 질려있던 여자가 술에 만취한 목소리로

"호호호, 자 이제 마음대로 하라."며 두 팔을 벌리며 널브러졌다.

산적 두목이

"이런 쌍!" 하고 욕을 하며 김이 샜다는 표정을 지었다.

영화를 보는 내내 불편했다.

영화도 처음 보지만 그 내용이 어린 내가 감당하기엔 너무도 충격적이고 외설적이고 심장이 떨렸다. 이걸 멀쩡히 재미나게 보고 있는 내 할아버지가 정상적인 할아버지로 보이질 않았다.

할아버지는 영화에 진지하게 몰입하면서도 뭔가 아쉽다는 표

정도 짓고, 꿀꺼덕 침을 삼키며 쩝쩝 입맛을 다시기도 했다.

우리 집은 길갓집이라 영화관에서 영화가 바뀔 때마다 와서 홍보 포스터를 붙이고는 영화 초대권을 주고 갔다. 그 영화표는 죄다 할아버지 손에 들어갔다.
가난한 막내며느리가 시아버지에게 할 수 있는 당시의 최대 선물은 막걸리를 받아들이는 것과 그 영화표밖에 없었으므로…
2년 뒤 우리 집은 그 근처로 이사 갔고, 그 집 담벼락은 홍보 효과가 없는지 영화 포스터가 집 담벼락에 붙지 않았다.

어느 날, 할아버지가 우리 집에 오셨다가 영화 포스터 붙이러 다니는 사람을 발견하고는 이사 간 우리 집 대문에도 붙이면 어떻겠냐고 제안했다가 거절당했다. 물론 초대권 때문이었다.
내가 성인이 되고 처음 MRI를 찍으러 갔는데, 내가 비좁은 통 속에 들어가기 힘든 폐소공포증이 있다는 걸 알게 되었다.
곰곰이 생각해 보니 어둡고 답답했던 곳에서 받았던 여덟 살 때의 그 충격과 공포가 아직 내 몸 안에 남아 있었던 것이다.
미성년자 관람 불가 영화를 미성년자가 보게 되면 이런 트라우마가 생기게 되나 보다.

해안 경비병

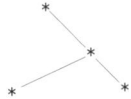

칠흑같이 어두운 밤.

나는 군대 해안 경비병이었다. 내 임무는 산꼭대기에 올라가 밤새도록 바다에 탐조등을 비추는 일이었다. 한 방향으로 곧게 뻗어나가는 그 빛이 경이로워서 내가 자청했다.

틈틈이 졸지도 못하고 30분마다 한 번씩 번거롭게 켜야 하는 카바이트 불빛이 귀찮고, 불빛 따라 모여드는 나방과 풀벌레들이 싫어서, 모두 탐조등 근무를 기피했다. 하지만 나는 탐조등 근무가 좋아서 상병 때부터는 내가 도맡아 했다.

써치라이트의 목적은 해안가로 침투하는 간첩이나 간첩선 발견 그리고 그런 의도를 사전에 차단하는 게 주목적이었다. 내가 조종하는 탐조등은 그런 군사 목적과는 전혀 다르게 사용되기 시작했다. 그러다 보니 종종 상황실 선임하사에게 무전이 왔다.

"얀마! 너 지금 미쳤어?"

"너 지금 바다 안 비추고 어디 비추는 거야?"

"바다도 계속 한군데만 비추지 말라고."

"중대장님도 순찰 다니다가 볼 텐데."

늘 이런 지적을 받아야 했다.

내가 탐조등으로 자주 비추는 곳은 바다가 아닌 하늘이었기 때문이었다.

그렇다고 침투하는 북한 비행기를 찾는 것도 아니고, 나름 저 멀리 외계 행성으로 쏘아 보내는 나만의 신호였던 것이다.

본부에서 당장 말이 나왔다.

2중대 3소대 탐조병은 어떤 새낀지 안 졸고 부지런히 가동은 하는데 탐조등 돌리는 실력은 형편없다는 것이었다.

먼바다에서부터 가까운 해안을 비춰야 하는데, 그런 기본 수칙도 모르는 놈이 탐조병으로 있으니 나중에 사단장님 순찰이라도 나오다가 보면 분명히 개박살 날 거라고 했다.

어느 날부터 나는 얌전히 바다 표면으로만 탐조등을 비추기 시작했다.

 인근 포구의 어부들이 찾아와 바다에 설치해 둔 자신들의 어망 쪽에 불빛을 쏴달라는 부탁을 받은 것이다.

 밤에도 자지 않는 물고기들이 불빛을 따라 움직이니, 어망 쪽에 불빛이 닿아 있으면 고기들이 그쪽으로 모여들어 생계에 도움이 된다는 것이다.

 나는 우주를 향해 보내던 신호를 잠시 중단하고 밤바다 도화지에 빛으로 그림을 그리는 화가로 변신했다. 아니 물고기 조련사가 된 것이다.

 먼 바다에서 빛으로 물고기 떼를 이끌고 정치 어망 쪽으로 슬슬 몰아넣었다. 물고기 떼들을 빙글빙글 돌리며 한번 물은 빛의 바늘이 빠지지 않도록 천천히 부드럽게 선회시키며 바다의 그물 속으로 고기들을 모조리 몰아넣었다.

 다음날 중대본부에서 전화가 왔다.
 "탐조병 아주 잘 바꿨다."고
 "그때 그 새끼 잘 짤랐다."고
 "이번 탐조병은 탐조등 돌리는 게 예술이라."고

새벽에는 포구의 배 선장들이 고맙다며 잡은 물고기를 한 바께스씩 담아 우리 초소로 들고 왔다. 앞으로도 계속 잘 부탁한다며. 바께스 안에서 퍼덕이며 몸을 뒤집어대는 고기들은 어젯밤 내가 빛으로 낚은 놈들이었다.

그렇게 내 탐조등은 포세이돈처럼 바다를 지배하고 길들여가다가도 캄캄한 망망대해 바다에 비가 오거나 함박눈이 펑펑 내리는 까닭 없이 서러운 날이 되면, 감수성이 예민한 내 탐조등은 또다시 미쳐 허공으로 춤을 추곤 했다.

그런 날이면 중대본부에서 또 연락이 왔다.

"탐조병 휴가 갔냐?"

"그래서 저번에 그 새끼 또 근무 세웠냐?"

라면 국물 냄새

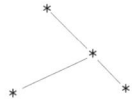

진석이 아버지를 사람들은 회장님이라고 불렀다.

지금 생각해 보면 회장님이 왜 이런 달동네에서 살았는지 잘 납득되진 않지만, 그 당시 진석이네 집에는 텔레비전이 있었고, 식모가 있었던 것으로 보아 회장님이든 사장님이든 호칭을 떠나 돈은 좀 벌고 있던 건 틀림없었다.

그 당시 대부분의 식모들은 형편이 좋지 않은 먼 친척의 아이를 데려와 따로 월급은 없이 먹여주고 재워주며 밥과 빨래 등을 시켰다.

친구들과 동네에서 똑같이 점심을 굶고 놀고 있을 때도 진석이와 진태 두 형제의 밥은 열일고여덟 살쯤 되어 보이던 식모가 챙겼다. 식모는 대문 밖으로 달걀을 풀어 넣어 끓인 라면을 양은 쟁반에 받쳐 들고나와 진석이와 진태를 찾아다녔다.

끼니때마다 식모가 아이들 밥을 안 먹이면 회장님과 사모님한테 불호령이라도 떨어지는 모양이었다. 그런 라면쯤이야 매일 지겹게 먹는지 진석이와 진태는 식모가 쫓아가도 둘 다 안 먹는다며 도망 다녔다.

식모는 망설이다가 같이 노는 우리에게 라면을 먹으라고 주기도 했다.

특히 내게

"너 라면 먹을래?"라고 했을 때,

속으로는 너무 먹고 싶었지만, 입속에서는 침샘이 폭발하고 있었지만, 어린 자존심이 이를 가로막았다.

진석이가 안 먹는 라면, 남의 집 가정부가 끓인 라면, 버리기가 아까워서 주는 라면을 어떻게 덥석 받아먹을 수 있을까? 하지만 그때 난생처음 맡아 본 그날의 라면 국물 냄새는 지금도 잊을 수가 없다.

우리 집에서 처음 라면을 끓인 건 누나의 생일날이었고, 형제들이 둘러앉아 후루룩~ 호로록~ 맛있게 먹었던 기억이 난다.

매운 걸 먹지 못하던 남동생은 엄마가 라면 스프를 빼고 하얀 라면으로 끓여 주었는데, 그 남은 스프를 손바닥에 조금씩 붓고 혀로 아끼며 핥아 찍어 먹으며 놀던 일들도 오늘 밤 일기장에는 적어 두어야겠다.

월부장수

 월부장수가 몇 번 다녀가고 난 뒤, 어느 날 학교에서 돌아오니 집에 못 보던 선풍기가 있었다. 엄마는 번쩍번쩍한 새 선풍기를 마른 수건으로 애지중지 정성껏 닦고 있었다.
 "해기야, 해기야. 이거 봐라."
 "아~ 월부장수가 글쎄 자기 수당도 포기하고~"
 삼 개월밖에 할부가 안 되는 걸 특별히 십이 개월이나 할부를 해줬다고 엄마가 자랑했다.
 선풍기는 신일 선풍기가 제일 좋다며 나오는 바람이 또 너무 시원하다며, 올여름은 시원하게 보낼 수 있겠다며, 엄마는 가본 적도 없는 알프스 이야기를 했다.

월부장수는 계약금과 한 달 치 월부금을 받아가며 새 선풍기를 두고 갔다. 집 주소와는 별개로 내가 다니는 마아국민학교 4학년 11반을 꼼꼼히 적어갔다. 주위에 선풍기 살 사람을 소개해주면 전기다리미도 공짜로 주겠다고 하고 갔으니 엄마는 한동안 선풍기 자랑을 하고 다녔다.

결국 그 월부장수한테 텔레비전도 사게 되고 덤으로 전기다리미도 공짜로 얻게 되었다. 나는 물건을 팔 때마다 매번 자기 수당을 포기한 그 뱁새 눈 월부장수 아저씨가 가난해지면 어떡하나? 하는 걱정만 했지 이사 간 집 주소를 물으러 마아국민학교 5학년 6반, 6학년 5반 교실까지 찾아올 거란 생각은 꿈에도 하지 못했다.

국민학교 친구 용준이

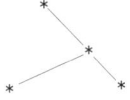

 수십 년 전, 국민학교 동창인 용준이를 우연히 만났다.
 당시 그는 나와 절친 베프였었다. 아 부끄럽게도 나는 국민학교 미술시간에 스케치북과 물감을 준비해 가지 못했었다. 그때 준비물이 없어 교실 밖으로 쫓겨나기 직전 자신의 스케치북 한 장을 부~욱 찢어주던 친구가 용준이었다.

 그가 찢어준 스케치북 한 장은 앞면은 물감으로 그림이 그려져 있어서, 뒷면은 백지지만 앞면에 칠한 물감으로 평평하지 않고 우그러진 그리고 울긋불긋 물감이 배어 나오던 그렇게 희지만은 않은 백지였다.
 그래도 그 얼룩덜룩한 종이 한 장으로 미술시간에 쫓겨나지 않게 해준 고마웠던 내 친구 용준이. 내 산문 '그때 그 아이'를 읽고 그 친구 이름이 수현이란 걸 바로 기억하는 친구.

옛날이야기를 하며 그때 내가 몰랐던 것들까지 용준이를 통해 기억의 살을 덧붙이니 갑자기 내 온몸에 전류가 흐르고 자연계에 존재하는 모든 시간이 다 끈이 되어 달라붙는 느낌이 들었다.

내가 몰랐던 어린 시절의 자잘한 기억까지 덤으로 또 얻게 되어
미안한 마음에 내가 계산하는 술값 계산서.

그때 빌린 얼룩 묻은 도화지 한쪽 면 값
볼펜 자국이 눌린 앞은 영수증 종이 뒷면처럼
물감이 비치던 그때의 스케치북 뒷면처럼

나의 어두웠던 뒷모습을 떠올리게 하는
옛 국민학교 반가운 친구 용준이를 만났다.

깊고 푸른 멍 자국

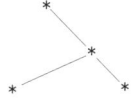

내가 일곱 살 때쯤
평소에는 잘 안 오던
이모가 우리 집에 놀러 왔다

한사코 손바닥으로 가리던
이모의 얼굴에는
깊고 푸른 멍 자국이 있었다

오랜만에 친자매가 만났으니
엄마와 이모는 웃으며
양푼에 비빔밥도 해 먹으며

우애의 정을 나눴다

이모는 그날 저녁이 되어도
집으로 돌아가지 않았다
한 사나흘 우리 집에서 자고 간다고 했다

저녁에는 된장찌개에 두부를 넣어 끓여서
또 그렇게 맛있게 먹었다

이모가 와 있으니
엄마의 기분이 좋아 보였다
마치 봄바람을 맞은 처녀처럼 들떠 보였다

세상에서 하나밖에 없는
자기 여동생이 모처럼 놀러 와서 그런 것 같았다

이모는 왜 자기 집에 안 갈까?
하는 생각도 들었지만

엄마가 저렇게 좋아하고
우리 집에 오자마자 쓸고 닦는
활기차고 예쁜 이모 덕분에
집안이 화사해져서

나는 이모가
우리 집에 오래오래 있었으면
좋겠다는 생각을 했다

이모는 내 머리도 쓰다듬어 주었다
우리 해기는 일곱 살인데
어쩜 이렇게 철이 들어 어른스럽냐면서
나보다도 우리 엄마를 기분 좋게 했다

그날 밤
단칸방에서 잠을 자는데

새벽에 두런 두런거리는 소리가
꿈속까지 섞여들어와

나는 잠에서 깼다

엄마와 이모가
이불 속에서 낮게 주고받는 말들

낮에 그렇게 깔깔거리며
웃으며 주고받던 자매의 말들과 달랐다

이모는
형편이 어렵다 보니
부부 싸움을 많이 했었나 보다

무능력자 이모부의 방황과 술
그리고 이어지는
도박과 여자 문제들을
언니인 엄마한테 털어놓으며

이모는
이모부의 온갖 흉을 다 보았지만

결국은
이모부 때문에 돈을 빌리러
우리 집에 왔다고
숨죽여 흐느껴 울던 이모

얼굴의 푸른 멍도
장롱에 부딪힌 게 아니라
그 인간하고 싸우다가 맞았다고 했다

눈 감고 자는척했지만
다 깨어서 듣고 있던 나는
이모의 흐느낌에
나도 모르게 침이 꼴~깍 넘어갔다

이불 속에서
어린 가슴이 콩닥콩닥 뛰었다

그 인간 욕은 했지만

걱정이 되었는지
아침 일찍 이모가 간다고
옷을 입었다

그런 얘기를 듣고도
돈이 없던 엄마는

돈을 빌려주지 못하고
간신히 차비만 이모 손에 쥐여줬고

이모는 그 차비를
다시 내 손에 쥐여주고 갔다

우리 엄마는
아니 언니는 얼마나 마음이 아팠을까?

내 손바닥에 들러붙어 지금도
쓰지 못하고 있는

꼬깃꼬깃한
종이돈 백 원

수십 년이 지난 지금도
새벽에 잠에서 깨면

이불 속에서
낮게 낮게 들려오는
이모의 숨죽인 흐느낌

어느 추석의 명품 선물

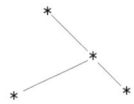

8년 전
회사를 퇴사 하고
형편이 너무 어려워졌었다

평소 별생각 없이 받던
대기업 월급이 끊어지자
눈앞이 캄캄해졌는데
때마침
명절은 다가왔고

존경하는 스승님께

선물을 보내야 하는데

스승님께 늘 보내드리던
훈제 연어 세트를 보낼 형편이
도저히 되지 않았다

스승님은 특히
63빌딩 명절 특판에만 나오는
이 훈제연어를 좋아하셔서
아껴아껴 드셨기에
늘 연어 세트를 선물해 드리고 있었던 것이다

스승님이 사셔봐야 얼마나 사실까를
손가락에 꼽아가며
퇴사 후 아무리 형편이 쪼들려도
스승님의 명절선물만은 빼먹지 않아 왔는데
그해 명절은 형편이 더 좋지 않게 되었다

그래도

명절을 그냥 지나갈 수 없어
고민을 하다가
길음시장에 갔더니

8,000원에 100장짜리 김 묶음이 보였다
호주머니엔 만 원짜리 한 장만
만지작거렸다

과일 바구니도 아니고
백화점 상품권도 아니고
고급 양주나 갈비 세트도 아니고

어떻게 저렇게 싸구려 김을
신문지에 싸서
존경하는 선생님께 보낼 생각을 한단 말인가?

나는 내 발칙한 생각을 씻어내기 위해
몇 번이고 고개를 저었다

하지만 형편이 형편인지라
계속 길을 뒤돌아보며
집으로 올 수밖에 없었다

돈은 없고
선물은 해야겠고

너무 고민스러워
그날 밤 꿈에
돌아가신 할아버지를 찾아가 상담했다

싸구려 검은 김을 선물로
보내도 될까요?

선물이 약소하다 못해
받는 분께서 기분 나빠하시면
안 보내는 것만도 못한 게 아닐까요?

염라대왕석에서 가만히 듣고 계시던

할아버지는

김처럼 검은 장막을 걷고 나오셨다

그 선물을 받을 분이 누구시냐? 고 물었다

존경하는 시인 선생님이라고 했더니

품속에서 유리구슬을 꺼내
그분 함자를 쓰자 유리구슬이
희고 밝게 빛났다

이분께는
싸구려 김이지만
김을 선물해도 된다고 하셨다

다음날 나는
스승님께 길음시장의 싸구려
8,000원에 100장짜리 김을

명절선물로 부쳐 드렸다

그리고 이틀 뒤
선물을 받은 선생님의 전화를 받았다

이렇게 귀한 김을 보내주어
정말로 고맙다고 하셨다

명절 쇠고
당신이 고기를 사주시겠다고 해서 갔더니

비싼 고기를 사주시면서
다시 명품 김 얘기를 하셨다

너무 맛있는 김이었고
너무 맛있게 잘 드시고 계신다고 하셨다

시장에서 가장 싸고 거친 김이었는데…

내 할아버지가
길음시장에 먼저 가셔서
들기름이라도 발라 놓으셨는지

옆의 최고급 곱창 김들과
바꿔치기라도 해놓으셨는지

아니면
내 형편을 알게 되신 우리 선생님이
죄송해하는 날

그러지 말라고 다독여 주신 건지는
지금도 알 수가 없다